아동·청소년복지 네트워크의 이론과 실제

이태수 · 정익중 · 김신열 · 박경수 · 이호균 · 이경림 · 박주현 공저

SOCIAL WELFARE
NETWORK

학지사

이 연구는 (주)유한킴벌리의 사회발전기금으로부터 지원받아 수행된 것입니다.

머리말

네트워크.

최근 사회복지계의 화두이자 유행어의 하나라 해도 과언이 아니다. 특히 사회복지 현장에서의 필요성과 중요성을 느끼면서 이에 대한 사업들을 서둘러 촉발시켜왔다. 사회복지공동모금회에서도 관련 사업을 지원해 온 지 오래이고, 기관 간의 네트워크 사업도 조금씩 탄력이 붙고 있다.

아마도 이러한 움직임의 근저에는 사회복지계의 부족함과 성숙이 함께 존재하고 있을 것이다. 오랫동안 만성화되어 온 예산, 인력, 프로그램의 '3대 부족 현상' 에서 어떤 식으로든 돌파구를 찾아 나가야 했고 그 가운데 네트워크와 같은 협력 사업이 갖고 있는 유의미함이 자연히 드러난 것이다. 다른 한편으로 공급자 중심의 사고로는 더 이상 현장의 발전이 있을 수 없고 수요자 중심으로 사업을 행해야 한다는 '성숙' 의 관점이 이러한 네트워크를 발동시킨 것이 아닌가 한다.

직접적으로는 2005년부터 시작된 지역사회복지협의체와 2006년부터 논의가 본격화된 주민생활서비스민관협의체에 의해 네트워크라는 원리가 더욱 가속화된 것으로 보인다. 아예 '주민통합서비스실현을 위한 전국네트워크' 라하여 네크워크를 단체명에 직접적으로 사용한 경우도 있다.

그러나 현장에서의 이러한 움직임과 달리 학계에서는 그다지 네트워크와 관련하여 정립된 이론이나 원리, 방법론이 충분히 논의되지 않고 있다. 이에 대해 발표된 논문들이 없지는 않았지만 충분하다고 말할 수도 없다. 이렇다 보니 기관과 관련 인력들이 모이면 모두 네트워크라는 명칭으로 불리는 현상, 즉 '네트워크의 홍수' 라고 볼 수 있는 기현상이 일어나고 있다. 분명한 정의나 원리 없이 네트워크라는 말이 쓰임으로써 모든 것이 네트워크이기도 하지만 역설적으로 아무것도 네트워크가 아닐 수 있는 것이다.

특히 아직 네트워크에 대한 현실적 토대, 즉 정확한 이론화 작업과 원리, 방법론의 탄탄한 정립이나 네트워크 전문 기관에 대한 제도적 지지와 구축 등이 미흡한 상태에서 자칫 한때의 유행이나 치장으로 네트워크가 기능하는 것이 아닌가 하는 우려를 하게 된다. 하지만 시기적으로는 보건복지가족부라는 대부처가 등장하여 아동과 청소년 정책의 통합이 시도되고 있어 아동과 청소년에 관련된 지역사회 내 다기한 기관들끼리의 네트워크 구축 필요가 현실적으로 매우 당위적이고 시급한 일이라는 인식도 하게 되었다.

필자들은 아동 · 청소년 분야를 소재로 과연 네트워크라는 것이 어떻게 해석되고 어떻게 기능하며 어떤 상(像)으로 정립되어야 하는지에 대한 시론(試論)적 성격의 저작이 있다면 현장과 학계의 이러한 풍토에 조금이나마 도움이 되지 않을까 고민하며 그 생각들을 발전시켜 책으로 엮기로 결심하였다.

(주)유한킴벌리의 사회발전기금을 토대로 시민경제사회연구소 박주현 소장의 아이디어로 출발하였고 여기에 아동 · 청소년복지 학계와 현장의 전문가, 네트워크 전문가 등이 함께하면서 연구에 탄력이 붙었다. 이러한 과정을 통해 '아동 · 청소년복지 네트워크 전문 기관' 의 모형을 제시하는 데에까지 나아갈 수 있었다.

네트워크가 무엇이며, 이를 위한 이론적 토대가 무엇인지에 대해서도 논의를 거쳐 국내 사례 및 외국 사례에 대해서도 직 · 간접적인 방법을 통해 자료를 모으고, 그것을 우리의 상황에 어떻게 적용할 수 있을지 정리하였다. 그리고 충분치도 않고 가상 형태이기는 하지만 한 지역에서 이러한 네트워크 전문 기관이 어떤 방식으로 기능할 수 있을 것인지, 또 지금보다 좀 더 체계적이고 전문적인 네트워크 기관이 자리 잡기 위해 필요한 제도적 장치 및 각 주체들의 준비 사항은 무엇인지에 관해 논의하였다.

아직은 충분히 농익었다 할 수 없는 이러한 결과물을 내놓는 과감한(?) 시도를 한 것이 혹 현장에 누를 끼치거나 혼란을 초래하는 것은 아닐까 하는 두려움이 없는 것은 아니다. 하지만 이 자그마한 결과물이 네트워크에 대한 현장과 학계의 관심을 더욱 증대시키고 바람직한 모습을 찾는 데에 작은 힘이라도 되기를 바라는 마음을 독자들께서 알아 주실 것이라 기대하는 마음이다.

이 책이 나오기까지 여러분들이 힘을 보태 주셨다. 앞에서도 언급한 것처럼 전체 수익의 상당 부분을 사회발전기금으로 사용하고 있는 사회공헌 선두기업인 (주)유한킴벌리가 없었다면 아무런 열매도 없었을 것이다. 또한 기꺼이 자신들의 상황을 보여 주시고 의견을 제시해 주신 서울특별시 서대문구의 복지 관련 단체의 관계자분들께도 감사하지 않을 수 없다. 일본 방문 시 네트워크에 대해 진지하게 논의에 임해 주신 학자들과 현장 전문가들의 도움도 이 책을 풍성하게 하는 데에 결정적인 보탬이 되었다.

또한 학지사의 김진환 사장님이 출간에 흔쾌히 동의해 주지 않으셨다면, 이 책은 하나의 연구보고서로 몇몇 지인이나 관계 기관의 책꽂이에서 사장되는 운명에 처할 수밖에 없었을 것이다. 더불어서 거친 표현이나 일관성이 부족한 기술을 바로잡는 데 수고해 준 이하나 선생님과 학지사 편집부에도 감사드린다.

이 책이 사회복지 현장에서 주민들과 함께 더 나은 지역복지공동체를 만들어 가고자 분투하시는 분들에게 조금이라도 새로운 가능성과 희망의 싹이 되기를 감히 바라는 마음이다. 끝으로 많은 부족한 부분과 미진한 내용에 대한 따가운 질정에도 귀를 열고 있음을 말씀드리고 싶다.

2008년 11월
필자들을 대표하여
노고봉 자락에서 이태수

차 례

제1장

왜 아동 · 청소년복지 네트워크인가

1. 아동 · 청소년을 위한 네트워크 구축의 필요성

제1장

왜 아동 · 청소년복지 네트워크인가

1. 아동 · 청소년을 위한 네트워크 구축의 필요성

최근 몇 년 사이 보호자로부터 방임된 아동이 사망한 뒤 한참 지나서야 발견되는 사건들이 발생하고 있다. 이런 안타까운 죽음은 동사무소 등 공식적 전달체계가 제공하는 아동 · 청소년복지서비스만으로는 보호를 필요로 하는 아동과 가족의 복합적인 욕구를 적절하게 충족시켜 줄 수 없는 현실을 그대로 보여준다.

아동 · 청소년은 '서류상' 보호자가 있다는 이유만으로 기초생활보장수급대상에서 제외되고 최소한의 사회적 보살핌도 받지 못하는 보호의 사각지대에 놓이는 경우가 많다. 실제로 우리나라 사회복지전담공무원이 개입할 수 있는 대상은 기초생활보장수급가정이며, 이들이 1인당 담당하는 평균 대상자 수는 400명 이상이기 때문에 적극적인 클라이언트 발굴은 물론 지속적인 관리도 어렵다.

또한 학교, 교육청, 시청, 동사무소, 보건소, 사회복지관, 아동보호전문기관, 지역아동센터, 아동위원 등 다양한 전달체계가 보호서비스를 제공하고 있기는 하지만 서로 연계하여 해당 아동의 욕구에 맞추어 가족 단위로 통합적으로 조정하여 제공하기보다는 개별적 · 단편적으로 서비스를 제공하고 있다.

우리나라에서는 아직까지도 아동은 하나인데 서비스 공급 주체는 동사무소, 지역사회복지관, 학교, 아동보호전문기관 등으로 서비스체계가 분할되어 있다. 그러한 서비스체계에서 접하게 되는 전문가도 사회복지전담공무원, 사회복지사, 청소년상담사, 청소년지도사, 아동보호전문기관 상담원 등 각기 문제 위주로 분할되어 있는 실정이다.

이는 아동 중심으로 통합된 체계가 아니라 공급자 중심으로 범주화된 것으로, 서비스 간 단절과 중복의 문제가 심각하여 그들 간의 역할 분담과 조정, 상호연계가 적절하게 이루어지기 어렵다. 그 결과 그나마 부족한 서비스의 효율성마저 떨어뜨려 아동의 문제를 사전에 예방하지 못할 뿐만 아니라 보호자가 있어도 방임되는 아동을 제때에 발견하지 못하는 경우도 생기고 있다. 최악의 경우 방임된 아동이 생명을 잃는 사건이 점차 증가하고 있는 것이다. 사회복지전담공무원의 부족과 관련 조직 간 네트워킹의 미흡, 미흡한 보호 기준은 지역사회안전망의 틈을 더 크게 만들고 있다.

이에 따라 지역사회안전망의 벌어진 틈을 메우기 위해 동사무소, 학교, 보건소, 사회복지관 등 관련 조직 간 네트워크를 구축하여 보호가 필요한 아동과 가족을 통합적으로 지원해야 할 필요성이 인식되고 있다. 미흡한 보호체계를 보완하기 위해 친척이나 이웃의 지원 등 지역사회에서 활용할 수 있는 비공식적 · 공식적 자원을 최대한 동원하여 연계하고 조정하는 네트워크의 구축이 절실히 필요하다. 현행 법체계에서는 아동 정책의 지원체계가 분절적이므로, 보호를 필요로 하는 아동을 포괄적으로 접근하는 방향으로 법 개정이 이루어지고 이를 수행하기 위한 연계체계도 마련되어야 한다.

아동발달에 요구되는 복지서비스는 광범위하고 포괄적이어서 어느 한 기관에 의해서 독자적으로 제공될 수 없고 다양한 서비스 전달 주체가 개입된다.

또한 고위험 집단의 경우 대부분 많은 위험요인들을 동시에 가지고 있기 때문에 다양한 욕구를 가지고 있다(Quint & Egeland, 1995; Dryfoos, 1990). 고위험 집단에게는 그 대상이 직면하는 다수의 위험요인에 각각 개입하지 않으면, 다시 말해 아무리 좋은 개입이라고 해도 하나의 프로그램만 있다면 효과가 없다는 연구 결과도 있다(Small, 1990).

하지만 이러한 포괄적 접근은 상이한 재원, 상이한 규제체계, 서로 다른 전략을 배경으로 하는 여러 구성 요소를 동시에 포함하기 때문에 파편화되고 분절화되기 쉽다. 따라서 각 구성 요소들이 서로 강화하고 보완할 수 있도록 각 구성 요소의 협조를 이끌어 내어 하나의 목표 아래 일관성 있게 조정하고 통합하는 것이 매우 중요하다(Petersen, Richmond, & Leffert, 1993).

아동 · 청소년복지서비스 전달 과정에서 기관 간 연계체계 확립의 필요성은 끊임없이 제기되어 왔지만 기관들의 구심점이 없다는 문제점 때문에 여전히 지지부진한 상황에 있다. 이 책에서는 이러한 문제를 해결하기 위한 방안을 제시할 것이다.

우리나라의 아동 · 청소년복지 분야의 발달은 아직도 매우 미약한 상태로, 특히 공공성을 바탕으로 한 아동 · 청소년복지서비스의 실현은 미미하다. 그간 아동 · 청소년에 대한 사회적 관심과 복지정책 상의 비중이 약하여 아동 · 청소년 자신이나 이들이 부딪히는 각종 문제, 즉 학교부적응, 학교폭력, 왕따, 정서적 불안정, 자살충동, 학습부진 등에 대하여 즉각적이고 다각적인 접근을 하기 어려운 상태였다.

그러나 최근 지역아동센터의 확대, 청소년상담원의 청소년지원센터로의 전환, 아동보호전문기관 확대, 위스타트 · 희망스타트 사업의 도입 및 교육복지투자우선지역사업 역점 시행 등을 통해 지역 내 아동 · 청소년을 위한 복지 인프라가 조금씩 갖추어지고 있다. 그렇지만 각 기관들의 운영 실태를 보면, 여전히 전문 기관으로서의 위상을 갖기에는 매우 열악하고 빈약한 인력 구비 조건 · 공간 활용 실태 · 기관 운영 조건 등을 보이고 있어 효과적인 전문서비스 실현을 어렵게 하고 있다.

일례로 지역아동센터의 경우 전국적으로 2,500여 개소로 확대되고 있으나 월 220만 원의 정부 지원만으로 30명 내외의 아동을 보호하도록 하고 있어 1인의 인건비 지출만으로 재원이 부족한 상태이다. 또한 피학대아동을 상담 · 치료 · 보호하는 아동보호전문기관의 경우에도 턱없이 부족한 인원과 높지 않은 인건비로 인해 높은 수준의 전문상담원이 활동하기를 기대하기 어렵고 지역사회의 자원을 동원하기도 어렵다.

그런데 지역사회 내에는 이미 아동 · 청소년을 위한 공공 및 민간 부문의 전문가 등 인적 자원, 즉 각종 의료전문가, 심리치료전문가, 교육전문가, 상담전문가, 복지전문가 등이 존재하고 있다. 그러므로 이들 전문가나 전문 기관들을 위기 상황에 놓인 아동 · 청소년들을 위한 긴밀한 네트워크로 연결하여 필요에 따라 그들을 도울 수 있도록 하는 구조를 갖는 것이 더 효율적이고 바람직하다. 지역사회 내에 존재하는 이러한 전문가, 전문 기관 간의 네트워크 구축을 통해 지역사회의 인적 · 물적 자원을 최대로 활용하고, 서비스의 사각지대나 중복을 없애도록 하는 것이 매우 중요하다.

이 책에서는 이런 문제 인식하에 지역사회 내의 위기에 처한 아동 · 청소년을 지원하기 위해 가장 적절한 네트워크체계를 구축하기 위한 구체적인 방법과 정부의 행 · 재정적 지원 방안, 민간의 역할 등에 대한 체계적 접근을 모색해 보려고 한다.

외국에서는 지역사회 내의 네트워크 형성이 매우 활성화되어 일본, 미국, 영국 등의 선진국에서는 이것이 기본적인 복지 운영 원리가 되고 있다. 여기에서는 각각의 목적과 동기에 따라 아동 · 청소년과 그 가족을 대상으로 고유의 사업을 행하는 기관이나 전문가, 자원봉사자 등이 튼튼한 네크워크 구조 안에서 체계적인 활동을 하도록 일정한 지역사회 내 체계를 구축하는 방안을 모색할 것이다. 이런 문제 의식을 바탕으로 아동 · 청소년을 위한 이러한 전문 네트워크가 지역사회 내에서 어떻게 구축될 수 있고, 나아가 성공적으로 효과를 낼 수 있는지를 연구하여 정책적인 시사점을 찾아냄으로써 이러한 네트워크 체계의 구축을 실현할 수 있는 기반을 확보하는 데에 기여하고자 한다. 이 책은 다음과 같은 내용을 중심으로 진행된다.

제2장에서는 아동 · 청소년복지 분야의 전문 네트워크를 탐구하기 위한 기초 작업으로서 네트워크의 기본 원리와 유형 등 이론적 기반을 다룬다. 최근 사회복지계에 유행처럼 강조되고 있는 네트워크, 그렇지만 실제로 어떤 것이 네트워크이며 어떤 조건과 원리가 전제되는 것인지 등에 대한 진지한 연구 성과는 별로 없다는 점에서 이 장은 매우 귀중한 성과이다.

제3장에서는 아동 · 청소년복지 네트워크를 구성할 때 기본적인 활용 자원이 되는 것으로서 아동 · 청소년복지에 관련되는 지역사회 내의 기관들에 어떤 것이 있는지를 살펴본다. 위스타트 · 희망스타트 사업은 물론 지역아동센터, 아동보호전문기관, 청소년지원센터 등에서 구성하고 있는 아동 · 청소년복지 네트워크 현황은 어떠한지를 구체적으로 다루었다.

제4장에서는 실제 우리 사회에서 아동 · 청소년복지 네트워크라고 불리우며 실행되고 있는 사업들이 무엇인지를 정리하여 봄으로써 이 장을 전문적인 아동 · 청소년복지 네트워크의 모형을 개발하는 데에 기초로 삼고자 한다.

제5장에서는 해외 사례를 발굴하여 정리 · 분석해 보았다. 일본의 요보호아동대책 지역협의회, 미국의 아동과 가족을 위한 지역협의체, 영국의 아동복지 관련 기관협의회 등을 구체적인 사례로 살펴보았다.

제6장에서는 아동과 청소년을 위한 지역사회 내 전문 네트워크로서의 구체적인 모형을 구축하여 보고, 실제 서울시 서대문구를 대상으로 가상적으로나마 네트워크의 실현 방식과 그 가능성을 살펴보기로 한다.

마지막으로 제7장에서는 지금까지의 논의를 다시 한 번 정리하고 이들이 정책적으로 실현되기 위한 제반 조건들을 도출해 볼 것이다.

제2장

사회복지서비스 네트워크 구축의 이론적 고찰

1. 사회복지서비스 네트워크의 등장 배경
2. 네트워크의 정의
3. 네트워크 관련 이론
4. 네트워크 모형
5. 네트워크 구축의 필요조건

제2장

사회복지서비스 네트워크 구축의 이론적 고찰

1. 사회복지서비스 네트워크의 등장 배경

현대의 개인은 일상생활에서 구성원 상호 간에 영향을 주고받고, 예측하기 힘든 사회 환경의 지배를 경험하고 있다. 이런 상황에서 발생하는 개인의 욕구나 문제는 복합적인 구조를 보인다. 이에 따라 사회복지서비스 상에도 복합적인 문제나 욕구를 갖고 있는 클라이언트들이 점차 증가하고 있다. 따라서 사회복지의 현장에서 일하고 있는 사회복지사들이 그러한 복합적 욕구나 문제를 가진 클라이언트에 대한 개입을 하기 위해서는 다양한 사회복지서비스 자원이 필요하다.

예를 들어 아동보호전문기관에서 근무하는 사회복지사는 피학대(방임 포함) 아동에 개입하기 위해 그 학대의 원인에 따라 다양한 서비스 자원 개발을 해야 한다. 부모의 실직에 의한 경제적 어려움이 학대의 원인과 관련되어 있다고 판단될 경우에는 부모에 대한 적절한 수준의 소득 지원, 일자리 마련 교육, 부모의 경제 활동 시간 동안 필요한 아동 주간보호서비스, 학대부모 및 피학대아동에 대한 심리적 · 사회적 치료, 부모를 대상으로 하는 자녀 양육 기술 관련 교육, 그리고 학대부모의 행동을 변화시키기 위한 다양한 사회적 지원체계 등을 마련해야 한다.

문제는 우리 사회에서 단일 기관으로서 이와 같은 여러 가지 종류의 사회복지서비스를 제공하고 있는 기관이 얼마나 양적, 질적으로 적절히 운영되고 있는가 하는 점이다. 현대사회 문제의 복잡성과 다양성, 대중의 욕구 다양화와 욕구 증대 등으로 인하여 단일 사회복지서비스 기관에서 지역주민들의 필요를 충족시키기 어려운 것이 현실이다. 따라서 현대사회는 한 사람의 다양한 욕구를 해결하기 위해 다수의 조직이 개입하는 것은 당연하며 조직 상호 간 협력을 통한 보다 효과적인 개입을 통하여 지역주민들의 삶의 질 개선을 위해 노력해야 하는 때라고 할 수 있다.

지역사회 내에서 조직 간의 상호 협력이란 각각의 조직들이 조직적 자율성을 유지하면서 공유된 자원을 가지고 어떤 서비스나 프로그램을 제공하기 위하여 함께 결합하는 것을 의미하며 이러한 협력 유형 가운데 하나가 바로 네트워크[1]이다. 이러한 네트워크의 출현은 사회복지서비스가 좀 더 클라이언트 중심에서 통합적으로 전달되도록 하기 위한 노력의 일종으로 볼 수 있다. 바람직한 사회복지서비스 전달체계[2]를 구축하기 위해서는 그 서비스 전달체계가 포괄성, 적절성, 통합성, 연속성, 전문성을 담보해야 하나 현재 우리의 서비스 전달체계는 이와 같은 기본 필요조건을 만족하지 못하고 있다. 지역의 사회복지서비스 전달 조직 및 자원의 네트워킹이 이러한 사회복지서비스 전달체계 방식의 문제점을 해결할 수 있는 보다 효율적인 방법이 되리라 기대한다.

1) 그 외에도 합작, 조합, 컨소시엄, 연합(coalition) 등도 네트워크의 일종으로 볼 수 있으며 여기에서는 이 모두를 포함하는 용어로 네트워크를 사용한다.

2) 사회복지서비스 전달체계란 "지역사회 차원에서 서비스 제공자들 간에, 그리고 서비스 제공자들과 소비자들(consumers) 사이에 존재하는 조직적 배열(organizational arrangements)"이다(Gilbert, Specht, & Terrel, 1993, p. 126).

사회복지에서 네트워크의 목적은 현재의 서비스 제공 기관이 클라이언트에게 적절하고 포괄적이고 지속적이면서 전문적인 서비스를 제공함으로써 서비스의 효과성을 제고하여 사회복지적 개입의 책임성을 완수하는 데에 있다. 이 장에서는 이와 같은 맥락에서 네트워크의 정의, 네트워크 관련 이론, 네트워크의 단계별 모형, 그리고 조직 차원에서의 네트워크 구축에 필요한 조건들에 관해 살펴볼 것이다.

2. 네트워크의 정의

네트워크란 일련의 관계(들)를 말한다. 네트워크는 일련의 실체(objects), 또는 결절점(node)을 포함하며, 이들 간의 관계를 묘사(description)하거나 그려(mapping) 놓은 것을 말한다(Kadushin, 2004, p. 3). 사회적 네트워크란, 지역사회 내에 거주하고 있는 개인, 집단, 조직들이 그들의 욕구나 지역 내의 어떤 문제를 해결하기 위해서 상호작용하고 교환 관계를 형성하는 사회적 배열(social arrangements)을 말한다(Hardcastle et al., 2004). 국내 학자들의 네트워크(network) 또는 네트워킹(networking)에 대한 정의들을 살펴보면 '조직들 간의 연계(김인숙 · 우아영, 2003)' '조직 간 관계 또는 연줄망(홍경준, 2002)' '조직 간 연계(이혜원 · 우수명, 2005)' '기관 간 연계(함철호, 2003)' '조직 간 협력(우정자, 2006)' '지역사회관계망(홍현미라, 2006)' 등으로 다양하다. 대체로 서비스 제공을 위한 기관(조직)들 간의 연계 내지 협력으로 이해하고 있음을 볼 수 있다.

일반적으로 네트워크에 대한 정의는 어떤 특정 목적에서 행위자들 사이를 연결하고 있는 관계로 볼 수 있으며 여기서 행위자란 구체적으로 사람이나 조직 및 시스템을 말하고 관계란 상호 행동을 의미하는 것이라고 볼 수 있다. 이러한 맥락에서 볼 때 사회복지서비스 네트워크란 사회복지서비스 제공 기관(조직)들 사이의 협력(혹은 연계)의 한 유형으로서 각각의 기관들이 그들의 조직적 자율성을 유지하면서 클라이언트의 복합적 필요를 해결하기 위해 필요한 자원 조달을 목적으로 공식적 · 비공식적으로 협력해 나가는 시스템의 하나라고 할 수 있다.

3. 네트워크 관련 이론

사회복지서비스 네트워크를 설명하는 이론의 대표적인 것들로 상호조직이론(interorganizational theory), 사회교환이론(social exchange theory), 사회자본이론(social capital theory), 네트워크거버넌스이론(network governance theory) 등이 있다(김영종 외, 2008; 이준영, 2007). 여기에서는 이들 이론이 네트워크를 어떻게 설명하고 있는가를 살펴보고자 한다.

(1) 상호조직이론

상호조직이론은 지역사회가 다양한 형태의 조직들을 포함하고 있으며 이러한 조직들 간의 조정과 협력이 지역주민, 나아가 지역사회의 복지를 개선 · 증진시키는 데 중요하다는 점을 강조한다. 따라서 상호조직이론은 조직 간의 관계를 이해하는 데 도움을 주는 이론으로서 분석의 단위는 개인보다는 조직이며 조직 상호 간의 행동을 이해하려는 노력을 강조하는 이론이다.[3)]

상호조직이론에 의하면 모든 조직은 지향하는 목표를 성취하기 위해 나름의 과업 환경 내에서 자원이나 경쟁자들을 필요로 하고, 조직은 다른 조직들 간의 과업 환경하에서의 상호 조정과 협력을 통해 전체 지역사회를 발전시켜 나간다(Hardcastle, Wenocur, & Powers, 2004). 상호조직이론의 관점에서 네트

3) 이러한 상호조직이론은 다시 조직 상호 간 관계 형성의 원인(네트워크 형성 원인)이 어디에서 비롯되는가에 따라 자원의존(resource dependence), 거래비용(Transaction cost), 조직영역(Organizational domain) 및 조직의 비공식적 인맥 등의 요인에 의해 조직들 간 네트워크가 달라질 수 있다고 본다. 이와 관련된 보다 자세한 내용은 홍경준(2002, pp. 12-14)을 참조하기 바란다.

워크를 설명하고 있는 Aldrich(2006)는 조직은 다양한 외부 환경과 관계를 맺으면서 변화(진화)해 가는데 이 과정에서 자연스럽게 네트워크가 형성되고 역할이 설정되며, 이때 조직들 간의 네트워크 형태는 두 가지로 구분해 볼 수 있다고 설명하고 있다.

하나는 강하게 연계(혹은 밀접하게 연계)된 네트워크(tightly-coupled network)로 이러한 조직 간의 밀접한 연계는 네트워크를 경직화시켜서 외부 변화에 적응이 느려지고 한순간에 네트워크의 전체적인 균형이 무너질 위험이 있다. 다른 하나는 느슨하게 연계된 네트워크(loosely-coupled network)로 자연스럽고 유동적인 성격을 띤다. 어떤 때는 강하게 어떤 때는 약하게 연계되는 조직 연계이므로 네트워크에 있어서는 훨씬 더 유용한 형태이다. 따라서 현실과 밀접한 업무를 수행하는 조직하부 구조에서는 느슨한 연계가 변화 적응에 용이하다고 본다.

Aldrichi(2006)는 네트워크 구조에서 '연결고리 조직(중심 기관: linking-pin organization)'의 역할을 강조하고 있는데, 이는 조직 내에서 대부분의 하위 구조에 연결되어 있는 조직으로 네트워크 조직의 통합에 중심적 역할을 하기 위해 생겨나게 되는 조직을 말한다. 이러한 연결 조직은 네트워크 내의 조직들의 역할 분담 속에서 경제적으로 통로 역할을 잘하는 조직이 생겨나게 되면 자연스럽게 중앙에 위치하게 되고, 그 조직이 다른 조직들 간의 의사소통 채널 역할을 하게 된다(Aldrichi, 2006). 이러한 연결고리 조직은 특히 최근 활발하게 논의되고 있는 사회복지 분야의 서비스 연계 내지 네트워크 구축을 위한 유형의 독립적 조직(네트워크센터)의 필요성과 관련하여 중요한 의미를 지닐 수 있다. 연결고리 조직의 의미와 역할을 좀 더 자세히 살펴보면 다음과 같다. 우선 [그림 2-1]과 같은 두 가지 네트워크가 존재한다고 가정해 보자.

a군에 속하는 조직과 b군에 속하는 조직이 각각 4개씩 있다고 가정할 경우 (A)는 일반적인 네트워크로서 각 조직이 다른 쪽에 있는 조직들과 각각 관계를 맺어야 한다. 이렇게 되면 관계의 총수는 16개가 된다.

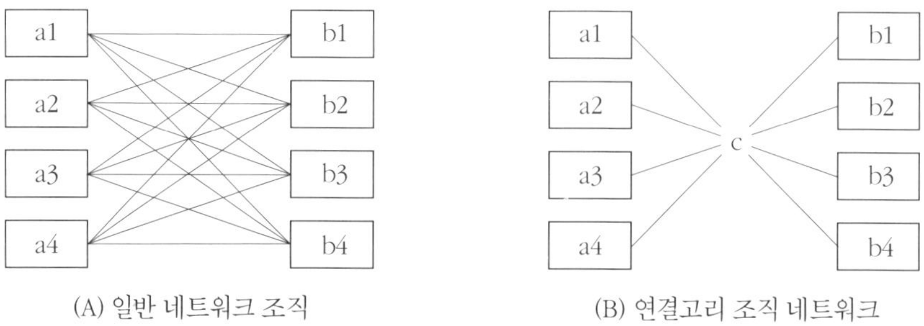

[그림 2-1] 연결고리 조직(linking-pin organization)의 예시

만약 새로운 조직이 a군이나 b군에 하나 들어오면 a군은 b군의 다섯 번째 조직과 새로 관계를 맺어야 하고, b군은 a군의 새로운 조직과 각각 다시 관계를 맺어야 한다. (A)에 계속해서 새로운 조직이 진입하게 되면 이것을 조정·관리할 수 없게 될 것이다.

결국 (A) 네트워크는 현실적으로 불가능하게 되고, 각 조직에서 볼 때 비용편익성이라는 문제에서 (B)가 훨씬 더 유리하다. (B)에 나타난 c라는 조직이 연결고리 조직으로 역할을 분담하게 된다. a군의 조직이나 b군의 조직들은 c를 통해서 관계를 맺게 되는데 이렇게 되면 연계의 수가 16개에서 8개로 줄어든다.

어느 조직의 역할 수행이 다른 조직에 비해서 비교우위에 있으면 선발을 통해서 중심 역할이 부여되고, 그 역할을 하는 기관이 없는 공백기가 생기면 또 다른 조직이 그 위치를 점령하여 중심 역할을 하게 된다는 것이다. 이런 과정을 통해서 연결고리 조직이 생겨나게 되고, c조직이 연결 역할을 담당하게 된다. c를 통해서 a군의 조직과 b군의 조직은 서로 느슨하게 연계되는 것이다. 만약 네트워크 내의 어떤 조직이 소멸되거나 와해된다면 c의 완충(중재) 역할로 네트워크 전체에 미쳐지는 영향을 줄일 수 있다. 결국 c는 중재자 역할과 연결고리 역할을 하면서 a군 조직과 b군 조직의 경계를 확장, 체계화시켜 준다(Hardcastle et al., 2004, p. 329).

(2) 사회교환이론

사회교환이론 관점의 네트워크 이해는 사회의 네트워크 시작은 사회 구성체들 간 상호작용에 의한 관계 형성에서 비롯된다는 것이다. 사회교환이론에서는 인간은 살아가는 과정을 통해 물질적이거나 비물질적인 것을 서로 주고받음으로써 상호 관계 맺음과 관계 지속이 이루어진다고 본다. 여기서 사회적 교환이란 교환 당사자 사이의 신뢰를 근거로 하여 서로 보상의 의무가 생기는 관계라고 할 수 있는데, 이때 교환되는 자원은 물질적 자원뿐만 아니라 심리사회적 보상 등 비물질적 자원까지 모두 포함한다(마은경 · 김명숙, 2005).

사회교환이론의 맥락에서 볼 때 사회를 구성하고 있는 개인, 집단 또는 조직은 교환으로 인해 발생하는 자신에 대한 비용과 편익에 따라 네트워크를 구성하게 된다. 이렇게 구성된 네트워크 안에서 상호간의 균형 있는 교환 과정을 통해서 개인, 집단, 조직 나아가 지역이 발전하는 것이다. 이 과정에서 네트워크의 형성, 유지, 발전은 사회적 교환의 내용물이나 과정 등에 의해서 결정되는 것으로 본다. 따라서 사회교환이론은 사회 내 조직들 간의 협력 내지 연계체계로서 기능하게 되는 네트워크의 기반에 관한 기본적인 이론이라는 의의가 있다(이준영, 2007).

또한 사회교환이론은 서비스의 중복과 누락 및 분절화를 방지하며 자원의 보다 효율적인 활용을 통해 지역사회 주민들에게 포괄적이고 통합된 서비스를 제공함으로써 서비스 제공의 효과성과 효율성을 제고한다는 민간 사회복지 관련 기관들의 네트워크 구성 목적을 설명하는 데에 의미 있는 이론적 토대를 제공할 수 있다. 왜냐하면 통합적 서비스 전달체계의 구축이라는 최근의 사회복지서비스 전달체계의 변화를 도모하기 위해서는 지역사회 복지 관련 조직과 조직 사이 또는 영역과 영역 사이의 교환이 반드시 요청되기 때문이다(이준영, 2007).

(3) 사회자본이론

사회자본이론과 네트워크와의 연관성은 네트워크가 사회자본을 구성하는 중요한 요소 가운데 하나라는 점에서 의미를 갖는다. 사회자본이론에서 사회네트워크(social network)는 신뢰(trustworthness) 및 호혜성(reciprocity)과 더불어 사회자본(social capital)을 형성하는 중요한 요인 가운데 하나로 간주된다. 최근 지역사회 발전을 위한 중요한 동력으로 사회자본과 네트워크가 관심을 끌고 있는 현상도 이와 같은 사실을 뒷받침하는 것으로 보인다.

사회자본에 대한 정의는 매우 다양하게 내려지고 있다. Bourdieu(1986)는 즉각적 · 직접적으로 돈으로 변환되며 재산권의 형태로 제도화될 수 있는 경제자본과, 특정한 조건하에서 경제자본으로 변환되거나 교육적 자질의 형태로 제도화되는 문화자본에 대비하여 사회자본을 설명한다. Bourdieu(1986, p. 248)는 "사회자본이란 지속적인 네트워크 혹은 상호 면식이나 인정이 제도화된 관계, 즉 특정한 집단의 구성원이 됨으로써 획득되는 실재적인 혹은 잠재적인 자원의 총합"이라고 정의하였다. 한 행위자의 사회자본의 총량은 자신이 동원할 수 있는 연결망의 규모와 그 연결망에 포함된 개인이 소유한 자본의 크기에 의해 결정되는 것이라고 본 것이다.

Coleman(1988)은 사회자본을 사회적 관계를 통해 만들어지며 사회적 생산성을 담보하는 비실체적인 자본의 형태로 규정했다. 그는 관찰 가능한 물리적 형태로 만들어진 실체적인 존재로서의 물리적 자본과, 개인에 의해 습득되어 기술과 지식 속에서 구현된 것보다 덜 실체적인 존재로서의 인적 자원 등에 대비하여, 사회자본은 개인들 사이에 존재하는 관계를 기반으로 존재하는 비실체적 자본임을 강조하였다. 따라서 사회자본은 그것이 사회 구조적 맥락에서 담당해 내는 기능에 근거하여 의미를 찾을 수 있다고 설명한다. 이 밖에도 Lin(2001, p. 19)은 "행위자가 자신이 속한 집단, 즉 연결망 속에 있는 자원에 접근함으로써 얻을 수 있는 자산"으로, Portes(1998, p. 6)는 "사회적 연결망 혹은 사회구조의 구성원이 됨으로써 확보할 수 있는 행위자의 능력"으로 사회자본을 정의하였다. 또 Putnam(1993)은 사회자본을 주어진 사회의 문화적 내지는 조직적 특성으로 파악하여 상호간 이익을 위한 협력과 협동을 촉진시키는 네트워크, 규범, 사회적 신뢰와 같은 사회 조직의 특성이 사회자본의 주요 구성 요소라고 보았다. 따라서 그 사회를 구성하고 있는 요소들 간의 신뢰와 협동을 바탕으로 하는 네트워크 구축이 지역사회의 역량을 강화하고 발전하도록 하는 하나의 토대를 형성한다고 본 것이다.

(4) 네트워크거버넌스이론

네트워크거버넌스이론은 주로 정책 네트워크 또는 공공과 민간의 파트너십 등의 분석을 위해 활용한 것으로 조직의 정책 관련 조정에 있어서의 운영 원리를 네트워크 개념을 통해 분석해 보고자 하는 것이다(이준영, 2007). 이러한 네트워크거버넌스 개념은 기존의 수직적 관료제에 의거한 공공 부문의 업무 활동 방식이 갖고 있는 경직성, 비효율성, 비효과성 등의 문제점을 극복하고자 사적 영역의 관계자들과의 조정 내지 연계를 통한 합리성 도모의 사회적 메커니즘 차원으로 이해되기도 한다(김준기 · 이민호, 2006).

4. 네트워크 모형[4)]

Franklin과 Streeter(1995)는 지역사회의 사회복지서비스와 공공학교의 연계에 대한 논의에서 행위자들의 관계 유형에 따라 비공식적 관계(informal relationship), 조정(coordination), 파트너십(partnership), 협력(collaboration), 통합(integration)의 다섯 단계의 네트워크 차원으로 구분하여 설명하고 있다. 또한 Ragan과 Nathan(2002)은 미국 콜로라도주 El Paso county가 자체적으로 개발하여 통합서비스 전달체계 구축을 위한 카운티 내 프로그램의 상호작용 정도를 파악하기 위한 매뉴얼로 사용하고 있는 〈연속선상에 있는 서비스 전달체계 운영(Service Delivery Operations Continuum)〉을 토대로 통합서비스 구축을 이루어 나가는 여섯 가지 단계에 대해 [그림 2-2]와 같이 설명하고 있

4) 이 절은 김신열(2007)의 내용 가운데 '서비스 통합의 과정'을 재인용한 것이다.

다. [그림 2-2]는 서비스가 네트워크를 통해 서로 연결되어 전달되는 과정을 하나의 연속선상의 단계적 노력에 따라 의사소통 단계(communication), 협동 단계(cooperation), 조정 단계(coordination), 협력 단계(collaboration), 통합 단계(integration), 합병 단계(consolidation) 등으로 구분될 수 있음을 나타내고 있다(Ragan & Nathan, 2002, p. 10).

[그림 2-2]에서 보는 바와 같이 서비스 통합에 이르는 과정은 하나의 연속적인 과정이라고 할 수 있다. 좌측으로부터 우측으로 옮겨갈수록 프로그램이나 서비스들 간의 통합의 정도가 높다고 할 수 있고, 통상적으로 서비스나 프로그램들 간 관계의 정도는 이 과정 상의 위치로 파악할 수 있게 된다. 따라서 해당 프로그램들이 나아가야 할 방향도 이 연속선상의 위치에 대응하여 다를 수 있다. 다만 유의해야 할 것은 모든 서비스나 프로그램들이 모두 의사소통 관계에서부터 출발하여 반드시 통합과 합병의 단계까지 도달해야 하는 것은 아니라는 점이며 그것은 서비스의 성격에 따라 다를 수 있고 협동이나 조정 단계 만으로도 충분한 경우도 있을 수 있다. 다만 일반적으로는 좀 더 높은 수준의 협력이나 통합 단계에 이를 수 있도록 기관 간 네트워크 형성을 도모하는 일이 더욱 중요한 것이다(Ragan & Nathan, 2002).

[그림 2-2]의 네트워크를 통한 서비스 통합의 연속적 과정을 단계별로 살펴보면 다음과 같다.

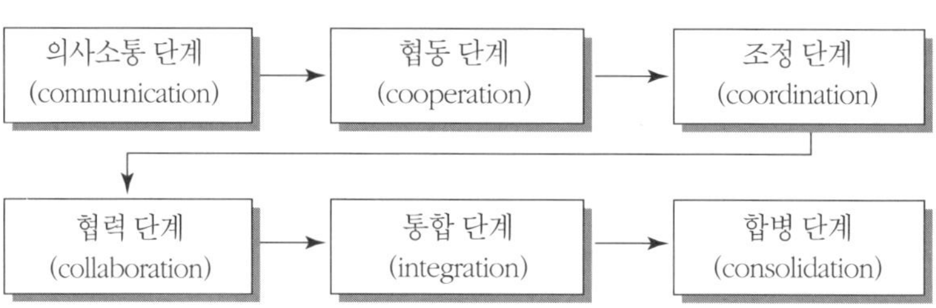

[그림 2-2] 네트워크를 통한 서비스 통합의 연속적 과정

- 의사소통(communication) 단계: 의사소통 단계는 기관 상호간 활동의 기본 출발 단계라고 할 수 있다. 이 단계에서는 단순한 정보의 교환이 상호간에 요구될 수 있으며 더 나아가서 다양한 정보나 공통의 관심사들을 공유하기 위한 노력들이 더 요구되기도 한다. 따라서 개별 기관이 갖고 있는 정보로의 접근이 어느 정도 허용되는 수준이라고 할 수 있고, 이 단계에서의 정보 공유를 통해 기관들은 서로 간에 의미 있는 관계를 유지하기도 하나 기관의 개별 프로그램들은 완전히 독립된 상태로 운영되고 있는 단계라고 할 수 있다.
- 협동(cooperation) 단계: 협동 단계는 개별 기관이 각각의 프로그램 활동(activities)에 대해서 서로 원조를 해 주기 시작하는 단계를 말한다. 일반적인 도움이나 정보를 주고받으며 상대방 기관의 프로그램이나 서비스 사용양해각서 등을 통해 서로 승인해 주는 단계라고 할 수 있다. 기관의 정책과 이용자의 결정은 항상 또는 거의 대부분 자율적으로 이루어지는 특징을 갖고 있으나 대체적으로 기관들이나 집단들 또는 개인들은 상호간에 이익이 되도록 함께 일하기도 한다. 공동 사례관리에 대한 비공식적 지원이 이루어지기도 하나 제도화되지는 않은 상태이고 직원들의 교육 등을 통해 각자가 잘하는 부분이나 자원들을 나누기도 하는 단계라 할 수 있다.
- 조정(coordination) 단계: 조정 단계에 다다르면 이제는 함께하는 활동들이나 의사소통 행위들은 좀 더 강해지기 시작하며 협동 단계에 비해 가까워진다. 기관이나 개인들은 각종 스케줄, 활동, 목적과 목표, 이벤트에 대한 계획 수립을 함께 할 수 있다. 이러한 일련의 활동들은 조정에 의해 이루어지나, 개별 기관의 정책과 예산과 관련한 결정은 독립적으로 이루지는 단계라 할 수 있다. 비록 기관의 정책과 프로그램, 옹호활동 등에 대한 책임, 성과 목표 등은 개별 기관이 독자적으로 판단하지만 조정 단계에 있는 참여자들은 서로 동등하게 취급된다. 조정 단계에서는 공동 프로젝트를 운영하기도 하고, 기관에 따라서는 자신들의 고유의 자율성과 통제력을

잃기도 함으로써 통합을 위한 기본 틀이 만들어지는 단계라고 할 수 있다.

- 협력(collaboration) 단계: 협력 단계에 이르러서는 기관, 개인, 집단들은 자신들의 개성이나 자율성의 일부분을 상호간 이득이 되는 결과물들을 만들어 내기 위해 기꺼이 버린다. 이 단계에서 진정한 협력이란 집합적인 목적과 이상을 지원하기 위해 기관, 집단, 개인적인 행동, 조직의 운영, 조직의 정책, 조직의 예산 더 나아가서는 직원이나 권력 자원에 있어서의 실질적인 변화를 포함하는 의미로 사용되기 시작한다. 이 단계에서는 프로그램 간 합병이 이루어지기도 하고, 직원, 재정, 기타 자원 등이 하나로 모이게 되며 정책 결정에 있어서도 공동의 조정이 이루어진다.
- 통합(integration) 단계: 통합 단계에 이르면 기관의 서비스, 프로그램, 멤버십, 예산, 사명, 목표, 직원들에 이르기까지 거의 모든 기관 간 관계가 협력적 관계로부터 실질적인 재구조화 과정의 단계로 진화하게 된다. 통합의 단계에서는 사명, 표적인구집단, 기능이나 권력까지도 공유를 하게 되며 따라서 개별 기관으로서의 개성과 자율성은 일부분을 제외하면 거의 상실된다. 이 단계에서는 관리의 기능까지도 합병되며 재정도 합쳐져 하나로 되어야 하고 직원들 합쳐져 섞이고 공통의 정책과 사명이 만들어진다.
- 합병(consolidation) 단계: 합병 단계에서는 기관, 집단이나 개인적 행동, 조직의 운영, 조직의 정책, 예산, 직원 및 권력이 하나로 통일되며 조화를 이루게 된다. 개별적 자율성이나 이득은 합병된 후 공동을 위해 모두 사라지며 이 단계에서는 하나의 사명 아래 움직이는 하나의 거대 기관이 탄생된다.

5. 네트워크 구축의 필요조건

네트워크를 구성하여 운영하고 있는 전문가들은 네트워크 구성을 통한 시스템 구축의 주요 기본 성공 요인(critical success factors)으로 리더십, 유경험 관리자, 직원 훈련 및 개발, 팀 운영, 클라이언트의 강점에 기초한 실천, 안정성, 충분한 시간, 인내, 지역사회 중심, 명확한 임무, 정치적 지원, 정기적 회의, 인간적 관계, 업무 측정 등을 꼽고 있다(김신열, 2007). 반면에 네트워크 구성에 방해가 되는 요인들로는 관료적 장벽과 자기 영역 지키기(bureaucratic barriers and turfprotection), 서비스에 대한 철학 내지 사명에 대한 기관 간의 시각 차이, 각 기관에서 사용하고 있는 서비스(업무)에 대한 평가나 측정 방법 및 평가 결과의 반영 정도가 기관 간 또는 프로그램 간에 다르다는 점(differences in performance measures and obtaining credit for services and results), 그 밖에 각 기관마다 가지고 있는 프로그램별 클라이언트나 각종 자원 관련 데이터의 수집 방법이나 내용, 이들에 대한 관리에 있어서 기관의 관리 정보체계가 서로 다르고 상호 호환이 가능하지 않은 것(incompatible management information system), 그리고 클라이언트 서비스 수혜 자격요건이 기관들 간에 서로 다른 것(different eligibility restrictions) 등을 들고 있다(김신열, 2007).

제3장

지역사회 내 아동 · 청소년 관련 기관의 현황과 분포

1. 아동 · 청소년 관련 기관의 현황
2. 아동 · 청소년 관련 기관의 분포

제3장

지역사회 내 아동 · 청소년 관련 기관의 현황과 분포

1. 아동 · 청소년 관련 기관의 현황

1) 아동 · 청소년 관련 기관의 종류

(1) 아동보호전문기관(아동학대 예방센터)

① 개요

중앙아동보호전문기관은 전국 차원의 아동학대 관련 기관과의 협력체계 확립과 아동학대 정책 제언을 통해 학대 받는 아동과 가족의 회복을 지원하고, 일반 시민들의 아동학대 인식 증진을 위한 홍보 및 교육 활동을 전개하기 위해 보건복지부(현 보건복지가족부)에 의해 설립되었다.

아동보호전문기관의 목적은 학대를 받고 있거나 학대의 위험에 놓여 있는 아동의 권리와 안전보장을 도모하고 이를 기반으로 하여 건강한 사회적 단위로서의 가족과 건전한 가족 기능의 유지를 돕는 것이다.

아동보호전문기관에서는 아동학대 상담을 통한 응급 사례의 격리 보호 및 의료서비스 제공, 아동 및 가족의 아동학대후유증에 대한 감소화 노력, 바람직한 아동 양육을 위한 부모 교육 및 실무자 전문가 교육, 아동학대 예방 학술 세미나, 사례 연구 발표회 실시 등을 통해 아동학대에 대한 사회의 이해와 관심을 불러일으키는 데 기여하고 있다.

② 역할 및 기능

- 24시간 핫라인 설치 · 운영(주7일, 매일 24시간 아동학대 사례 신고 접수)
- 아동학대 의심 사례의 신고 접수 후 초기 현장조사 실시
- 현장조사 후 보호 격리의 필요성 및 학대 위험 여부 결정
- 심각한 아동학대 사례에 대해 일시 보호 시설, 의료 기관 의뢰 등의 응급 보호 조치 실시
- 아동학대 감소를 위해 아동 및 가족서비스 제공
- 아동학대 의심 사례의 판별을 위하여 경찰, 의료 기관, 사법 기관과 협조 체계 구축
- 상담, 가정지원 자원봉사자에 대한 교육 실시 및 적절한 배치 및 관리
- 가족 기능 회복을 위하여 복지시설, 상담치료 기관 등의 지역 자원 연계

③ 서비스 유형 및 활동 내용

- 1391을 통한 주7일, 매일 24시간 아동학대 사례 신고 접수
- 학대 사례에 대한 신고자 상담
- 학대가 일어난 가정에 가정지원서비스, 고용 상담 및 훈련 등의 다양한 서비스 제공
- 가족구성원의 개별상담
- 신뢰 관계와 자아존중감 향상 등을 위한 가족구성원 집단상담
- 가족상담(가족체계 내에서의 학대 상황에 대한 인식, 학대와 훈육의 구분 방법, 가족의 단 · 장기 목표 결정, 가족 규칙과 역할 토론)

④ 인력

- 아동학대 전문상담원
- 사회복지사
- 아동 상담 관련 학위 소지자
- 놀이치료 등 전문 치료 인력

(2) 아동 상담소

① 개요

어린이 및 임산부의 복지를 보장하기 위하여 시 · 도 · 군에 설치되어 있는 아동 문제 상담 기관으로서, 건전하고 건강한 아동발달을 도모하는 데 설립 목적이 있다. 문제 행동 아동의 검사 및 상담을 실시하고 문제 행동 아동의 가족 상담도 실시하고 있으며 아동학대 신고 사례를 접수하여 의뢰하거나 개입하기도 한다. 또한 아동뿐 아니라 임산부나 미혼모 등을 대상으로 지지서비스(supportive service)도 제공하고 있다.

② 역할 및 기능

- 문제 행동(가출, 약물남용, 학교부적응 문제)을 보이는 아동 및 피학대아동 상담
- 아동보호치료(문제 행동 및 피학대아동을 상담소에서 보호하며 생활 전반에 개입하여 학습 프로그램 등을 통해 지적 향상을 도모)
- 아동 일시 보호(보호자의 부재로 보호가 필요하거나 양육 환경이 부적절한 아동을 일시 보호하고 향후 아동 양육에 대한 계획 수립)
- 아동학대 예방
- 전문상담원 및 사회복지사 교육
- 아동 관련 사례집 발간 및 출판
- 입양 및 미혼모 상담

③ 서비스 유형 및 활동 내용

- 문제 행동 아동, 즉 복합비행, 가출, 부랑, 도벽, 허언, 약물남용, 학교부적응 등의 문제 행동을 보이는 만 18세 이하 7세 미만 아동의 일시 보호 및 상담
- 부모나 양육자로부터 학대받은 아동의 일시 보호 및 상담
- 문제 행동 아동의 부모, 학대부모 및 보호자, 가족에 대한 교육 및 상담
- 자녀양육에 도움이 필요한 일반 부모에 대한 상담

④ 인력

- 상담심리사
- 놀이치료사 등 전문 치료 인력
- 아동복지사
- 교육학 전공자

(3) 지역아동센터

① 개요

초기의 공부방은 가정의 빈곤 문제로 말미암아 자연발생적으로 출발한 만큼 보호가 필요한 아동에 대한 보호, 급식, 학습 지도라는 단순기능적 역할에서 벗어나기 힘들었지만 최근에 이르러서는 이러한 빈곤 문제를 포함하여 가족해체, 위기, 결식, 한부모가정 등 사회적 측면에서 좀 더 포괄적이고 전문적으로 아동 문제에 접근할 필요가 생겼다.

그리하여 당시 보건복지부(현 보건복지가족부)는 아동 문제를 가정 문제 및 지역 문제와 별개로 생각할 수 없는 사회적 문제로 파악하여 2003년에 「아동복지법」에 의거하여 '지역아동센터' 라는 이름으로 이를 수용하였다.

이러한 취지로 설립된 지역아동센터는 어려운 환경에 있는 요보호아동들에게 적절한 보호, 양육, 교육의 통합적 서비스를 실시하되 이들이 빈곤 · 결손가정 아이들이 다니는 곳이라는 낙인감 없이 접근하고 편리하게 이용할 수 있

도록 소규모 형태로 운영되는 시설이다.

② 역할 및 기능

- 초등학생, 중학생 학습 지도
- 급식 사업(빈곤아동에게 식사 제공)
- 아동학대 예방 사업(상담 및 가정 방문)
- 물품 지원 사업
- 아동 결연 사업(빈곤아동과 후원자 1대1 연결)
- 가족기능 강화

③ 서비스 유형 및 활동 내용

- 개인, 집단, 가족심리치료
- 모래치료, 미술치료 등 전문 치료
- 사례관리

④ 인력

- 상담심리사
- 놀이치료사 등 아동 전문 치료 인력
- 아동복지사
- 사회복지사
- 보육교사, 교사 등 아동복지시설 종사자 자격 기준에 준함

(4) 시 · 도 청소년상담지원센터(시 · 군 · 구 청소년지원센터)

① 개요

보건복지가족부에서는 「청소년기본법」 제61조 시행령 63조에 의거하여 중앙 차원에서 청소년 상담 전문 기관을 설치 · 운영하는 것과 연계하여 지방 청소년 상담, 학부모의 청소년 문제에 대한 정보 제공과 자문, 상담을 처리하고 청소년에게 필요한 각종 프로그램과 참여 기회를 확대하기 위해 16개 시 · 도

청소년상담지원센터를 설치 · 운영하고 있다.

② 역할 및 기능

- 시 · 도 내 청소년상담지원센터 활성화 지원
- 청소년 연구 및 상담 프로그램 개발
- 전문 심리평가 및 전문 상담을 포함한 지원 사업
- 청소년 상담 전문 인력 양성
- 학교 밖 청소년 지원
- 긴급 지원, 위기 상담
- 지역사회 위기 청소년 지역 안전망 구축 및 활성화

③ 상담서비스 유형 및 활동 내용

- 청소년 개인상담 및 집단상담을 위한 상담실 운영
- 청소년, 학부모, 대학생, 일반인, 교사를 대상으로 한 전문 심리 검사
- 사이버 상담 및 1388 청소년전화 상담

④ 인력

- 사회복지사
- 임상심리사
- 청소년지도자
- 상담 전문 교사
- 교육 관련 전공자

(5) 청소년수련관 및 청소년회관

① 개요

보건복지가족부는 건강한 심신과 능력 개발을 통해 청소년을 육성하고 청소년을 위한 건전하고 편안한 공간을 제공한다는 취지로 청소년수련관, 청소년 문화의 집, 청소년회관을 설립하고 있다.

청소년수련관과 청소년회관에서는 청소년의 여가시간을 위한 다양한 동아리 활동이나 스포츠 활동 등을 지원하고 있으며 학교 밖 학생들을 위해 다양한 프로그램을 제공하고 있다.

또한 학업 문제, 진로 문제, 이성 문제, 가정 문제 등으로 어려움을 겪고 있는 청소년을 대상으로 각종 검사 및 상담을 실시하고 있으며 청소년 집단상담도 진행한다. 이뿐만 아니라 청소년 자녀들의 문제로 인해 스트레스를 받거나 문제 해결을 필요로 하는 부모들을 위한 부모 상담 프로그램도 운영하고 있다.

② 역할 및 기능

- 사회 교육 프로그램을 통한 지역 내 교육 문화 사업(취미 · 여가 활동, 국제어 교육 등)
- 학교 연계 사업, 동아리 육성, 청소년 자치 활동, 방과후 활동을 통한 청소년 사업
- 상담 사업 및 전문가 육성
- 청소년 관련 서적 출판 및 간행

③ 서비스 유형 및 활동 내용

- 진로 상담, 성격 상담, 성 상담, 가정 상담실 운영
- 개인 검사 및 심리 검사를 통한 개인상담
- 미술치료, 언어치료, 표현예술치료 등 전문 치료 실시
- 청소년 집단상담(사회성 향상 프로그램, 인터넷 중독 예방 프로그램)
- 부모 집단상담(학부모들의 스트레스 대처 및 자아탐색 집단)

④ 인력

- 상담 전공자
- 청소년지도사

(6) 청소년쉼터

① 개요

부모의 이혼, 가정폭력, 학대, 방임 및 학교부적응으로 가출한 청소년이 점점 늘어나고 있으며 이들은 탈선과 비행을 통해 많은 사회 문제를 일으키고 있고 그 심각성에 대한 인식은 확산되어 가고 있지만 가출 문제 발생 시 귀가조치나 일시 보호 시설 수용 정도의 단순한 조치 외에는 가출 문제 해결을 위한 정책적 의지나 구체적인 대책이 미흡한 실정이다.

이러한 문제 해결을 위해 보건복지가족부는 한국청소년쉼터협의회를 두어 가출한 청소년들을 효율적으로 돕고 청소년쉼터 사업을 적극적으로 지원하기 위해서 가출 청소년에 관한 법적 · 제도적 보호 방안을 마련하였다. 청소년쉼터는 다양한 자원 동원과 정보의 공유, 프로그램 개발, 계몽 활동 등을 전개함으로써 가출 청소년 문제에 대한 통합적인 대책을 마련하고자 설립되었다.

② 역할 및 기능

- 청소년 가출 문제 해결을 위한 제도적 보호 방안 마련
- 가출 예방, 치료, 재활 사업 마련
- 가출 문제에 관한 연구 및 자료 축적
- 가출 상황의 신속한 발견 및 개입
- 가출 청소년을 위한 각종 심리 검사 및 상담
- 가출 관련 계몽 활동

③ 서비스 유형 및 활동 내용

- 일반 청소년의 이성교제, 친구관계, 가족관계, 학교부적응에 대한 전화, 면담, 서신 상담
- 가출 청소년 개인상담
- 학부모 및 청소년, 교사를 대상으로 집단상담

④ 인력

- 사회복지사
- 생활지도사
- 청소년지도자

(7) 교육청 내 청소년상담센터

① 개요

각 교육청에 설치되어 있는 청소년상담센터로 청소년들의 심리 발달과 미래 가능성 성장을 돕고 집단 괴롭힘, 성폭력, 교내 외 폭력 등의 피해자들이 마음 놓고 신고하고 상담 · 호소할 수 있는 기회를 제공하는 데에 목적이 있다.

학업 성적 문제, 성 문제, 정서장애 및 진로 결정 등의 청소년 문제를 상담하고 있으며 개별상담을 통하여 발견된 치료 대상자를 전문 치료 기관에 의뢰 또는 안내하여 근본적인 치료를 유도하기도 한다.

② 역할 및 기능

- 청소년 자아 성장 집단 프로그램 등을 통하여 자아정체감 확립을 도모
- 진로탐색 프로그램 및 개인 진로 검사를 통하여 청소년 성장을 도모
- 금연 및 약물 남용 프로그램이나 상담을 통해 청소년 문제 해결
- 학부모를 대상으로 부모 역할 프로그램 등을 운영하여 부모에게 올바른 부모 역할 의식을 함양
- 거리 상담 프로그램, 청소년 프로그램 등 다양한 활동 유도
- 청소년 봉사 활동 프로그램 계획 및 실시
- 재직 중인 교사들을 대상으로 한 상담

③ 서비스 유형 및 활동 내용

- 내방, 전화, 사이버 상담(학교폭력, 따돌림, 폭력 써클 등 학교 관련 문제 상담 및 진로, 성격 상담, 가정 문제 등의 개인적 문제 상담)

- 지능 검사, 진로 검사, 적성 탐색 검사 및 이와 연계되는 상담
- 적응 교육 프로그램(약물 문제, 성 문제, 폭력, 비행 문제 등 학생의 개별적인 문제 상담)
- 부모 상담

④ 인력

- 사회복지사
- 청소년지도자
- 상담전문교사
- 정신과 의사(정신건강 문제 상담 시)

(8) 학교폭력상담센터

① 개요

학교폭력 피해를 입은 청소년과 그 가족을 도와 청소년이 쾌적하고 안전한 환경에서 공부할 수 있도록 하는 것이 상담센터의 설립 취지이다.

학교 청소년의 금품 갈취 피해, 심리적 불안감이나 학교에서의 괴롭힘 등을 도와주며 가해 청소년의 상담 활동을 수행하는 것이 주된 활동이다. 학부모와 지역사회 단체, 교육청, 사법 기관 등이 연계해 폭력 피해에 따른 법률적 조언, 피해자와 가해자 간의 합의 조정, 학교폭력 방지법 제정 등 다양한 활동을 수행한다.

② 역할 및 기능

- 학교폭력 피해자의 상담 및 지원
- 교육을 통한 학교폭력 예방 운동
- 학교폭력 예방을 위한 제도 개선 활동

③ 서비스 유형 및 활동 내용

- 피해학생에 대한 면접, 전화, 집단상담

- 청소년 학교폭력 24시간 위기 및 긴급 전화 운영
- 피해학생에 대한 법률적 지원과 의뢰
- 가해학생에 대한 교육 및 상담과 그 부모에 대한 상담

④ 인력

- 청소년 폭력 예방 교육 전문가
- 사회복지사
- 교사
- 청소년지도자

(9) 학교사회복지사 파견 학교

① 개요

급격한 사회 경제의 변화와 함께 물질만능주의로 인해 건전한 가치관이 무너지고 있으며, 입시 위주의 교육 제도와 가족 및 인간 관계의 단절로 인해 청소년의 건강한 성장 발달이 커다란 위협을 받고 있다.

하나의 인격체로 존중받지 못하는 청소년들은 일상생활의 일탈과 방황으로 학교에 적응하지 못하기도 한다. 따라서 학교부적응을 조기에 발견하고 적응을 도와주는 상담 및 지원체계를 확립하기 위하여 학교사회복지사 파견 사업이 실시되고 있다.

② 역할 및 기능

- 학생 지원 활동: 학생 상담, 장학금 등 자원 연계, 여가 및 문화 활동 서비스 제공
- 가정 지원 활동 : 학부모 상담 및 부모 교육
- 교사 연계 활동 : 학교 행사 지원 및 교사 연수, 학생 상담 사례협의

③ 서비스 유형 및 활동 내용

- 학생을 대상으로 집단 및 개별상담 진행

- 학부모를 대상으로 하여 부모 상담 및 양육 문제에 관한 부모 교육 훈련 제공
- 경제적 문제가 있어 장학금 등 자원 연계가 필요할 때 지역사회와 연결해 주는 상담 제공

④ 인력
- 학교사회복지사

(10) 건강가정지원센터

① 개요

건강가정지원센터는 "국가 및 지방자치단체는 가정 문제의 예방 · 상담 및 치료, 건강가정의 유지를 위한 프로그램의 개발, 가족 문화 운동의 전개, 가정 관련 정보 및 자료 제공 등을 위하여 시 · 도, 시 · 군 · 구에 건강가정지원센터를 둔다."라는 「건강가정기본법」 제35조 제1항에 따라 설립되어 현재는 보건복지가족부에 의해 관리되고 있다.

가정의 잠재력 개발, 가정 기능의 강화, 가족공동체 문화 조성, 다양한 가족의 욕구를 충족시킨다는 사업 방향 아래 가족구성원의 행복과 국가 및 사회유지 및 발전에 이바지한다는 목표를 가지고 운영되고 있다.

② 역할 및 기능
- 가정교육 프로그램
- 정보 제공 및 문화 운동(가정 관련 정보 및 자료 제공, 가정 생활 문화 운동 전개 등)
- 가정 상담 및 자녀 상담 프로그램(전화, 면접 등)
- 결혼이민자가족지원센터 운영
- 가족 문화 프로그램 개발 및 보급

③ 서비스 유형 및 활동 내용
- 부부관계, 가정폭력, 고부갈등 등 가정 문제 예방 및 증진 상담(전화, 면접,

온라인 상담)

- 부모자녀관계, 자녀의 학습 · 정서 및 행동 문제, 진로 탐색 문제 등에 관한 자여 양육 및 진로상담
- 대인관계, 이성관계, 알코올 및 약물 중독 문제 등 개인적인 문제 상담
- 집단상담(한부모가족, 재혼가족, 가족 갈등 등)
- 아동 · 청소년을 대상으로 지능, 성격, 인성, 진로 탐색 검사 등 실시

④ 인력

- 건강가정사
- 사회복지사
- 상담전문가
- 가정학 · 여성학 관련 전공자

(11) 성폭력상담소

① 개요

성폭력상담소는 여성의 인권을 보호하고 복지를 증진하며, 성폭력 피해자의 아픔을 함께 나누고 그들이 건강한 삶을 되찾게 하는 데 그 뜻을 두고, 성폭력 예방 교육을 통하여 올바른 성 문화를 정착시킴으로써 여성의 인권회복을 통해 가정, 직장 · 사회에서 양성평등을 실현하고, 정치, 경제, 사회, 문화 등 모든 영역에서 여성이 주체적으로 참여하여 평등하고 자유로운 사회를 만들어가는 데 그 목적이 있다.

여성부가 지원하는 성폭력상담소는 성폭력 피해자들이 심리적, 법적, 의료적 상담을 통해 피해를 극복하고 건강한 삶을 살 수 있도록 함께한다. 또한 성폭력의 원인 및 예방 대책에 대한 연구를 토대로 인간 중심적인 성문화를 정착시키고, 여성의 인권을 회복시켜 보다 평등하고 자유로운 사회를 만들어 가는 활동을 한다.

② 역할 및 기능

- 성폭력 피해자 산부인과 진료 무료 지원
- 성폭력, 아동성추행, 직장 내 성희롱 등 피해 상담(면접, 전화, 사이버 상담)
- 정신과 심리 상담 및 치료 연계
- 성폭력 예방과 근절을 위한 교육 활동
- 성폭력 피해자 자조모임 지원 및 자료 제공

③ 서비스 유형 및 활동 내용

- 성폭력 피해자 상담 및 기관 연계(전화, 면접, 사이버 상담)
- 성폭력 관련 법률 상담
- 성폭력 가해자 교정 상담 및 집단 프로그램

④ 인력

- 사회복지사
- 산부인과 전문의
- 성폭력 전문상담원
- 법률가

(12) 한국가정법률상담소

① 개요

1956년 설립된 한국가정법률상담소는 경제적으로 어렵거나 법을 모르기 때문에 어려움을 겪고 있는 시민들에게 양질의 법률 상담서비스를 무료로 제공해 주는 법률 구조 기관이다. 이는 가정 내에서의 남녀평등, 부부평등을 통해 민주적이고 건강한 가정을 구현하는 것에 목적을 두고 있다.

② 역할 및 기능

- 워크숍 및 정기 교육(생활 법률, 교양 강좌, 결혼 준비 등에 관한 교육 실시)
- 가족법 개정 운동

• 가정 문제, 가족법에 관한 조사 · 연구 사업
• 가정 문제 상담

③ 서비스 유형 및 활동 내용
• 가정 문제 관련 법률 상담(면접, 전화, 사이버 상담)
• 가정 상담, 성폭력과 관련된 상담(면접, 전화, 사이버 상담)
• 가정폭력 예방 및 치료를 위한 집단상담 프로그램 실시
• 부부관계, 상속, 유언, 남녀차별 등에 대한 법률 상담

④ 인력
• 법률가
• 사회복지사
• 가족치료사

(13) 가정폭력상담소

① 개요

보건복지가족부가 지원하는 가정폭력상담소는 가정폭력 피해자를 보호하고 안정된 생활을 영위할 수 있도록 정서적 지원과 아울러 가정폭력 예방 활동을 통해 건전한 가정 생활을 정착시키고 여성의 인권을 회복시켜 평등하고 밝은 사회가 될 수 있도록 기여함에 그 목적이 있다.

② 역할 및 기능
• 가정폭력 피해자 보호 및 지원 사업
• 법률 상담 및 관련 기관 연계
• 부부 상담
• 피해자 가해자 자조모임
• 가정폭력 상담원 양성 교육
• 집단상담(심리극, 자아성장, 감수성, 의사소통 훈련)

- 예비 결혼 학교
- 가정폭력 예방 캠페인

③ 서비스 유형 및 활동 내용

- 사이버 상담, 전화 상담, 면접 상담 실시
- 가정폭력 피해자 상담(배우자 폭력, 동거자 폭력, 친족간 폭력, 노인 문제 등)
- 가정폭력 가해자 상담 및 교정 치료 사업
- 집단상담(가족/여성/한부모/양성평등 프로그램)

④ 인력

- 사회복지사
- 가정폭력 전문상담원
- 상담 전공자

(14) 종합사회복지관

① 개요

사회복지사업을 통해 지역사회 개발에 기여하며, 저소득층의 자립 능력을 배양하여 중산층으로 유도하고 지역사회 문제를 예방, 해결하고 지역사회 및 주민의 연대감을 조성하는 매개체로서 복지 증진을 위한 종합복지센터의 역할을 수행하고자 설립되었다.

② 역할 및 기능

- 가족복지사업(지역주민, 아동 등을 대상으로 한 가족 기능 강화 사업)
- 지역복지사업(지역 자원 개발 사업, 주민 조직 및 교육, 주민 복지 네트워크 사업 등)
- 재가복지사업(의료서비스, 가사서비스, 정서적 서비스, 자립지원서비스)
- 다른 전문 기관과의 연계

③ 서비스 유형 및 활동 내용

- 개인상담(가정 문제, 경제적 문제, 정서적 문제 등)
- 집단상담(아동 · 청소년 대상 자아정체성 확립 등 집단상담 프로그램)

④ 인력

- 사회복지사
- 상담사

(15) 정신보건센터

① 개요

정신장애인과 그 가족들에게 지역사회를 중심으로 지속적이고 포괄적인 서비스를 제공하여 사회복귀를 촉진하고 삶의 질을 향상시키며 정신장애인의 치료 및 재활을 위한 통합적 정신보건복지체계를 구축하기 위한 목적으로 보건복지가족부에 의해 정신보건센터가 설립 · 운영되고 있다.

정신보건센터는 만성중증정신질환자를 위한 지역사회 정신보건전달체계 및 지지체계를 통하여 탈원화를 돕고, 정신장애인의 재활과 사회적응을 도움으로써 그들이 인간적인 삶을 영위할 수 있도록 한다. 또 일반 시민의 정신질환 예방과 함께 정신건강 증진을 도모함으로써 건강한 정신과 함께 하는 건강한 사회를 만드는 것을 목적으로 한다.

② 역할 및 기능

- 정신장애인 사례관리(가정 방문, 일상생활 및 약물 관리, 내소 상담 및 전화 상담, 위기 개입 및 응급 입원 지원 등)
- 정신장애인 가족 지원(가족 교육 및 자조모임)
- 정신장애인 주간 재활 훈련(인지 재활, 사회기술 훈련, 정신건강 교육, 동아리 활동 등)
- 정신장애인 직업 재활(직업 상담 및 평가, 관련 기술 교육과 훈련)

- 지역주민 정신건강 상담

③ 서비스 유형 및 활동 내용

- 지역주민의 정신건강을 위한 정신건강과 관련된 문제 및 고민 상담
- 정신장애인을 대상으로 전문 심리 검사 및 상담, 전문 치료 시행
- 서울 광역 정신보건센터에서는 인터넷, 전화 24시간 고민 및 자살 상담

④ 인력

- 정신보건사회복지사
- 정신보건 간호사
- 사회복지사
- 정신과 전문의

(16) 종합병원 정신과

① 개요

정신과를 내원한 환자를 대상으로 각종 심리 검사 및 상담 등을 통해 정신병, 신경증, 발달장애, 약물남용, 경련성질환, 기질성질환 등에 대한 진단을 내리고 약물처방과 각종 프로그램, 상담을 통해 환자를 치료한다.

또한 사회 생활이나 대인관계, 가족 문제, 개인 문제 등 정신질환을 가진 대상이 아니더라도 상담을 실시하고 있다.

② 역할 및 기능

- 각종 검사를 통한 정신질환 진단
- 정신질환의 정도에 따라 개방병동, 보호병동, 외래 진료, 낮병원 운영
- 일상생활의 어려움 상담

③ 서비스 유형 및 활동 내용

- 정신과 전문의를 중심으로 한 일상생활 상담

• 정신질환 치료를 위한 환자 중심의 상담
• 종합병원 사회복지사의 가족 상담 및 가족치료, 부부치료

④ 인력
• 정신과 전문의
• 정신보건사회복지사
• 임상심리사
• 작업치료사

(17) 개인병원 정신과

① 개요

일반인이 불안, 우울, 스트레스, 적응의 어려움, 불면, 대인관계의 어려움, 내과적 원인이 없는 신체적 증상(소위 신경성 증상 또는 신체화 증상), 기억력의 장애, 집중의 어려움, 과도한 집착, 자신감 결여, 중독(알코올, 약물, 게임) 현상 등을 겪을 때 정신과에서 치료를 받게 된다. 또한 정신질환을 가진 환자에게 약물 처방 및 상담을 수행하기도 한다.

② 역할 및 기능
• 정신질환 진단 및 약물 처방을 통한 치료
• 일상생활 상의 상담
• 인지치료 등 일반인과 환자를 위한 교육 강좌
• 개인 낮병원 운영

③ 서비스 유형 및 활동 내용
• 외래를 통한 개인상담
• 정신질환자들의 낮병원 입원 및 이를 통한 증상, 가족 상담 등

④ 인력
- 정신과 전문의
- 정신보건사회복지사
- 정신보건 간호사

(18) 알코올중독상담센터

① 개요

보건복지가족부에 의해 설립된 알코올중독상담센터는 알코올 중독자, 문제성 음주자 및 그 가족에게 알코올 중독에 대한 예방, 홍보, 교육과 체계적이고 전문적인 치료, 재활서비스를 제공함으로써 알코올 중독자의 사회복귀를 촉진하는 것을 목적으로 설립되었다.

② 역할 및 기능
- 알코올 중독에 대한 정보 제공, 예방 교육 및 홍보
- 문제성 음주자 조기 발견 및 조기 치료 유도
- 지역사회에서의 여성 및 청소년 음주 문제, 산업장에서의 고용인의 음주 문제, 음주운전 등의 피해 예방 교육 및 홍보
- 알코올 중독으로 인해 발생한 역기능 가정의 자녀 및 배우자들의 고민 상담
- 알코올 문제를 가진 클라이언트를 대상으로 알코올 관리 집단 프로그램 운영
- 알코올 문제에 관한 세미나 및 워크숍 개최 및 관련물 출판

③ 서비스 유형 및 활동 내용
- 알코올 문제가 있는 본인의 전화 상담, 면접 상담
- 알코올 문제를 가진 가족으로 인해 문제를 가진 가족구성원 상담
- 알코올 중독 선별 검사 및 각종 임상 심리 검사

④ 인력

- 정신보건사회복지사
- 정신보건 간호사
- 임상심리사
- 사회복지사

(19) 흡연상담센터

① 개요

세계적으로 금연 정책은 가장 핵심적인 보건 정책으로 간주되고 있으며 우리나라의 경우도 보건복지가족부에서 정부 차원의 금연종합대책을 발표하고 국가 차원에서 금연 사업을 활성화하고 있다.

하지만 체계적인 흡연 예방 및 금연 교육이 이루어지지 못하여 여전히 높은 흡연율을 보이고 있으며 특히 최근에는 청소년과 여성의 흡연율이 상대적으로 크게 증가하고 있어서 사회적인 문제가 되고 있다. 흡연상담센터는 이러한 문제를 해결하는 데 도움을 주기 위하여 설립되었다.

② 역할 및 기능

- 계층을 초월한 흡연 예방 및 금연 교육 실시
- 금연 상담 및 자문
- 흡연 예방 및 금연 교육 자료실 운영
- 흡연 예방 및 금연 교육 전문 인력 양성
- 보건소, 건강보험공단, 교육 기관, 기업 등의 금연 프로그램 개발 및 지원
- 기타 금연 관련 사업 전개 등

③ 서비스 유형 및 활동 내용

- 온라인 상담을 통한 금연 상담실
- 금연 지원자가 510명 이상인 사업장은 금연 상담사가 직접 방문하여 서비

스 제공
- 니코틴 검사 등 흡연과 관련된 건강 검사 및 상담

④ 인력
- 금연지도사

(20) 인터넷중독상담센터

① 개요

우리 생활 속에서 빠른 속도로 확산되고 있는 인터넷 중독은 각종 생활 장애의 원인이 될 뿐만 아니라 이용자의 적극적이고 능동적인 정보 이용을 저해하여, 건전한 지식 정보 국가 건설에도 장애가 되고 있다.

이에 인터넷중독상담센터에서는 잘못된 인터넷 사용을 바로잡고, 인터넷 중독 증후가 있는 이용자를 돕고자 인터넷중독상담센터를 설치하게 되었다. 상담센터에서는 다양한 활동을 통해 올바른 인터넷 사용을 돕고, 인터넷 중독으로 고생하고 있는 청소년 및 일반인들에게 도움을 주고 있다.

② 역할 및 기능
- 학생들과 교사, 부모를 대상으로 인터넷 중독 예방 특강과 교육 실시
- 인터넷 문제와 관련된 가족 상담 및 개인상담, 집단상담
- 인터넷 중독 문제를 해결하기 위해 청소년 상담 기관과 연계하여 상담 실시
- 미디어 중독과 관련된 연구 활동

③ 서비스 유형 및 활동 내용
- 고위험자 집단으로 진단되거나 인터넷 중독으로 정서적, 대인관계적 문제를 가지고 있는 사람을 대상으로 전문적인 심리 평가와 상담서비스 제공
- 초 · 중 · 고교에 인터넷 중독 전문 상담가를 파견하여 인터넷 사용 과다 학생들을 대상으로 집단상담 실시
- 인터넷 문제가 있는 자녀를 둔 부모에게 집단상담 및 가족 상담 제공

④ 인력

• 인터넷 중독 전문 상담가
• 상담 관련 전공자

(21) 직업전문학교

① 개요

평생직업능력 개발 교육에 입각하여 창의성을 개발하고 기능을 연마하며 우리 사회에서 보다 적극적이고 능동적으로 대처할 수 있는 참된 사회인과 다기능 인재를 육성한다는 이념으로 노동부에 의해 설치되어 운영된다.

기초 정보 활용 능력이 있는 미취업자 또는 실업자들을 대상으로 IT기반의 다양한 교육을 실시함으로써 전문적인 기술을 습득하도록 하고 개인 인성을 함양시켜, 궁극적으로 인성과 전문 기술을 겸비한 고급 인력을 양성하여 경제, 사회 활동 참여를 확대하고 개인의 삶의 질 향상을 도모한다.

② 역할 및 기능

• 적성 검사 및 이에 맞는 잔로 방향 결정
• 각 과별로 교육 실시
• 취업 연계 및 취업 준비 상담 제공

③ 서비스 유형 및 활동 내용

• 진로나 적성 관련 심리 검사
• 취직 준비 상담

④ 인력

• 상담 전문가
• 각 취업 분과별 교사

(22) 고용지원센터

① 개요

고용지원센터는 고용서비스 선진화를 위해서 2006년 7월 1일 고용안정센터에서 고용지원센터로 명칭을 바꾸면서 찾아가는 서비스, 보다 적극적인 고용서비스를 제공하고자 재출범된 기구이다.

고용지원센터는 노동부에서 운영하는 무료 취업 알선 기관이다. 기업체에 우수인력뿐만 아니라 필요한 노동행정서비스를 제공하고, 구직자들에게는 본인의 적성에 맞는 일자리를 찾을 수 있도록 돕는 취업 상담을 비롯하여 집단 프로그램, 단기 특강, 직업 훈련 정보 등을 제공하고 있다.

② 역할 및 기능

- 구직자 취업 지원서비스, 구인업체 인력 지원서비스
- 근로자의 고용안정을 지원하기 위한 고용안정사업
- 고용보험 피보험자 관리
- 직업 능력 개발 및 취업 상담
- 외국인 채용 지원

③ 서비스 유형 및 활동 내용

- 직업 탐색에서 취업에 이르기까지의 과정을 상담 및 프로그램을 통해 지원
- 집단상담(자신의 능력 표현하기, 자아개념 향상 등)

④ 인력

- 상담가
- 사회복지사

2. 아동 · 청소년 관련 기관의 분포

〈표 3-1〉은 서비스를 받는 대상을 다섯으로 분류하고, 그 대상별 상담소를 서울 · 부산 · 대구 · 인천 · 광주 · 울산 · 대전 · 경기 · 강원 · 충북 · 충남 · 전북 · 전남 · 경북 · 경남 · 제주 지역으로 나누어 전국적인 현황을 정리한 표이다.

표 3-1 대상별 · 지역별 서비스 기관 현황

구분		지역별 현황																
		서울	부산	대구	인천	광주	울산	대전	경기	강원	충북	충남	전북	전남	경북	경남	제주	계
아동	아동보호 전문기관	8	2	1	2	1	1	1	6	3	3	2	3	2	4	2	2	43
	아동 상담소	2	3	3	3	4	1	2	8	7	1	1	3	0	0	3	0	41
	지역아동 센터	262	134	60	143	143	49	122	534	114	137	125	173	279	143	158	42	2,618
청소년	청소년상담 지원센터	15	5	1	2	1	2	1	32	5	4	16	15	4	12	20	5	140
	청소년수련관 및 청소년회관	32	18	12	10	8	6	14	39	21	15	13	27	13	20	23	16	287
	청소년쉼터	7	1	2	4	1	1	2	12	2	2	2	3	1	1	2	1	42
	교육청 내 청소년 상담센터	12	0	0	0	0	0	0	0	0	0	0	0	0	0	0	0	12
	학교폭력상담센터	9	0	0	0	1	0	0	0	0	0	0	0	1	0	0	0	11
	학교사회복지사 파견 학교	6	0	3	2	0	0	2	12	0	1	0	0	1	0	3	0	30
	교육복지투자 우선지역 학교	33	27	16	9	15	5	9	4	5	4	7	5	5	7	5	5	161

가정	건강가정 지원센터	16	2	1	1	0	1	0	6	0	0	1	1	1	0	2	1	33
	성폭력 상담소	12	6	8	4	5	4	3	31	5	4	6	10	3	7	9	3	120
	한국가정 법률상담소	1	1	1	2	1	1	1	6	5	1	1	4	3	1	2	1	32
	가정폭력 상담소	53	10	11	11	13	7	8	68	7	7	19	16	21	20	19	1	291
	성관련 상담센터	7	0	0	0	0	0	1	3	0	0	1	1	0	0	0	0	13
	종합사회 복지관	95	49	25	16	19	7	18	51	13	11	15	17	16	15	21	8	396
정신 보건	정신보건 센터	20	8	5	6	5	1	5	28	8	8	8	7	9	7	8	2	135
	종합병원 정신과	14	2	0	2	4	0	1	10	3	1	1	2	0	1	2	1	44
	개인병원 정신과	118	42	15	12	17	5	12	51	7	12	11	21	7	8	19	2	359
	알코올중독 상담센터	4	1	2	2	2	1	2	2	2	1	1	1	1	1	1	1	25
	흡연상담센터	7	0	1	0	0	0	0	0	0	0	0	0	0	0	0	0	8
	인터넷중독 상담센터	5	0	0	0	0	0	0	0	0	0	0	0	0	0	0	0	5
근로 상담	직업전문 학교	0	1	1	1	1	0	0	1	4	2	1	2	1	3	2	1	21
	고용지원 센터	15	6	5	4	2	2	2	17	7	8	10	8	6	9	11	2	114

출처: 보건복지부(2007). 아동복지사업안내; 지역아동정보센터(2006). 내부 자료; 국가청소년위원회(2005). 위기청소년 통합지원체제 구축운영방안 연구; 한국청소년상담원(2005). 전국 청소년 상담관련 기관 편람; 중앙건강가정지원센터. http://www.familynet.or.kr.

〈표 3-2〉는 앞에서 제시한 〈표 3-1〉을 기반으로 하여 각 지역의 기관들이 포괄할 수 있는 대상 인구수를 나타난 표이다. 기관은 앞에서 제시한 기관들을 아동 · 청소년 관련 기관, 가정 관련 기관으로 나누어서 재분류하였다.

아동 · 청소년 관련 기관에는 아동보호전문기관 · 아동 상담소 · 지역아동센터 · 청소년상담지원센터 · 청소년수련관 및 청소년회관 · 청소년쉼터 · 교육청 내 청소년상담센터, 학교사회복지사 파견 학교 등을 모두 포함시켰고, 가정 관련 기관에는 건강가정지원센터 · 한국가정법률상담소 · 가정폭력상담소 · 성관련상담센터 · 종합사회복지관 · 정신보건센터 · 정신과 · 알코올중독상담센터 · 흡연상담센터 · 인터넷중독상담센터 · 성폭력상담소 · 직업전문학교 · 고

| 표 3-2 | 지역별 · 상담 대상별 포괄할 수 있는 대상 인구수

구분	아동 · 청소년 관련 기관[5] 1개소당 아동 및 청소년 인구수	가정 관련 기관[6] 1개소당 가구 수
서울	7,449(명)	9,105(가구)
부산	5,375	9,298
대구	9,566	10,902
인천	5,148	13,574
광주	3,516	6,687
울산	5,950	11,747
대전	4,064	9,065
경기	6,352	12,269
강원	2,659	8,561
충북	2,535	9,228
충남	3,836	7,372
전북	2,429	6,908
전남	1,986	9,823
경북	4,603	13,099
경남	4,614	11,055
제주	2,489	7,814

5) 시 · 군 · 구 청소년상담지원센터, 청소년수련관 및 청소년회관, 청소년쉼터, 교육청 내 청소년상담센터, 학교폭력상담센터, 학교사회복지사 파견 학교, 아동보호전문기관, 아동 상담소, 지역아동센터

6) 건강가정지원센터, 성폭력상담소, 한국가정법률상담소, 가정폭력상담소, 정신보건센터, 종합병원 정신과, 개인병원 정신과, 알코올중독상담센터, 흡연상담센터, 인터넷중독상담센터, 성관련상담센터, 종합사회복지관, 직업전문학교, 고용지원센터

용지원센터를 포함시켰다.

이 표는 통계청의 2005년 인구주택총조사 자료를 바탕으로 하여 각 지역별 아동 · 청소년 전국 가구 수를 파악하여, 이 인구를 가지고 지역별로 상담 기관을 분류하여 대상 인구수(가구 수)/해당 기관으로 계산한 것이다. 한 기관당 대상 인구수(가구 수)가 많을수록 한 기관이 포괄해야 하는 대상 인구(가구)가 많다는 것을 의미하므로 이는 그 지역의 기관이 부족하다는 것을 나타낸다.

(1) 아동 및 청소년 관련 기관

0~19세까지의 아동 및 청소년을 대상으로 한 기관을 지역별로 조사한 결과 서울 300개, 부산 153개, 대구 67개, 인천 133개, 광주 116개, 울산 51개, 대전 98개, 경기 455개, 강원 136개, 충북 149개, 충남 124개, 전북 189개, 전남 225개, 경북 137개, 경남 174개, 제주 60개의 기관이 있었다.

이는 한 기관당 평균적으로 이용할 수 있는 아동 및 청소년의 인구수[7]가 서울 7,449명, 부산 5,375명, 대구 9,566명, 인천 5,148명, 광주 3,516명, 울산 5,950명, 대전 4,064명, 경기 6,352명, 강원 2,659명, 충북 2,535명, 충남 3,836명, 전북 2,429명, 전남 1,986명, 경북 4,603명, 경남 4,614명, 제주 2,489명 꼴인 것으로 나타났다.

광주, 강원, 충북, 전남 지역은 아동 수에 비하여 이들이 이용할 수 있는 기관의 수가 다른 지역보다 많은 반면, 서울, 부산, 대구, 경기 지역은 아동 수에 비해 기관 수가 부족함을 알 수 있다.

(2) 가족 관련 기관

건강가정지원센터 · 성폭력상담소 · 한국가정법률상담소 · 가정폭력상담소 · 종합사회복지관 · 정신보건센터 · 정신과 · 알코올중독상담센터 · 흡연상담센터 · 인터넷중독상담센터 · 성관련상담센터 · 직업전문학교 · 고용지원센

7) 통계청, 2005년 인구주택총조사.

터를 포함한 가정을 대상으로 하는 기관을 가구 수별[8]로 파악한 결과, 서울 367개, 부산 128개, 대구 75개, 인천 61개, 광주 69개, 울산 29개, 대전 53개, 경기 274개, 강원 61개, 충북 55개, 충남 75개, 전북 90개, 전남 68개, 경북 72개, 경남 96개, 제주 23개소가 운영되고 있었다.

광주, 전북 지역은 각각 한 기관당 이용 가능한 수가 6,687가구, 6,908가구로 다른 지역보다는 상담 기관의 수가 많은 편이다. 반면에 전체 가구 수가 300만이 넘는 서울 지역과 경기 지역을 전국 지역별 평균 가구 수인 100만에 비교해 볼 때, 인구가 많은 서울과 경기 지역에 기관이 집중적으로 분포되어야 하는데 많이 부족한 실정임을 알 수 있다.

이 결과를 살펴보면, 같은 대상에게 서비스를 제공하는 기관의 숫자가 각 지역에 따라 상이함을 알 수 있으며, 지역에 따라서는 기관이 포괄해야 할 대상 인구 범위가 넓음에도 불구하고 그 수가 턱없이 부족한 것도 알 수 있다.

총 기관의 수는 서울 및 경기 지방에 집중되어 있는 반면 부산, 울산, 전남, 제주 등의 지방에는 서울과 수도권 지방에 비해 많이 부족하여 지역별로 기관의 균등한 설치가 필요함을 시사한다.

8) 통계청, 2005년 인구주택총조사.

제4장

아동 · 청소년복지 네트워크 구축의 실태와 한계

1. 위스타트 및 희망스타트의 운영 실태
2. 지역아동센터의 네트워크 운영 실태
3. 청소년지원센터의 네트워크 운영 실태
4. 아동보호전문기관의 네트워크 운영 실태
5. 사회복지공동모금회 지원 지역네트워크 구축 사업 운영 실태
6. 시사점과 한계

제4장

아동 · 청소년복지 네트워크 구축의 실태와 한계

1. 위스타트 및 희망스타트의 운영 실태

1) 위스타트와 희망스타트의 목적

위스타트와 희망스타트는 한국형 빈곤아동 조기지원을 위한 포괄적 서비스를 말한다. '위(WE)' 는 Welfare(복지)와 Education(교육)의 머릿글자를 딴 것으로 교육과 복지를 접목한다는 뜻이고, 스타트(Start)는 빈곤아동을 대상으로 하는 조기지원 프로그램의 고유명사로 사용되는 단어이다. 그러므로 위스타트는 우리(We) 모두 힘을 모아서 빈곤가정 아동들의 빈곤의 대물림을 끊자는 취지의 조기지원 프로그램을 의미한다(허남순, 2005).

위스타트와 희망스타트 사업은 일회적으로 물질적 도움을 주는 것이 목적이 아니라 부모의 가난이 자녀에게 대물림되는 악순환의 고리를 끊고자 하는 운동이다. 지역사회의 참여와 네트워크를 통해 가정 형편이 어려운 아이들의 교육, 복지, 건강을 종합적으로 돌봄으로써 한국의 모든 아동들이 공정하게 삶의 출발을 하도록 돕는 것에 목표가 있다(허남순, 2005).

가정과 지역사회의 연대를 통해 마을 내의 빈곤아동들의 건강하고 건전한 발달 도모를 목적으로, 연령대별로 다른 사업 목표를 가지고 있다. 0~2세의 경우에는 건강한 아기의 출산과 영유아기 아동의 건강 증진, 3~5세는 취학 전 학교 준비(school readiness)의 향상, 6~12세는 학교 적응력 향상과 학업 성취도 증진을 목표로 설정하고 있다(이봉주 · 양수 · 김명순, 2004).

희망스타트는 위스타트를 정책적으로 받아들여 제도화한 것으로 사후대처적인 단기적 소득지원형 서비스를 탈피하고 지역사회 내 보건복지 자원을 연계하여 빈곤아동 개개인에게 맞춤형 통합서비스를 제공하여 궁극적으로 빈곤에서 탈출할 수 있도록 아동의 잠재적 능력을 키워 주는 예방적인 사업이다.

희망스타트는 국가가 취약 지역 아동의 영유아기부터 집중적으로 투자하여 공정한 출발선을 보장해 주고자 한다는 의미에서 위스타트, 영국의 슈어스타트(Sure Start), 미국의 헤드스타트(Head Start)와 같은 성격의 프로그램이다.

2) 추진 배경 및 경과

(1) 추진 배경

최근 우리나라의 경우 절대빈곤층 비율이 차상위계층 이상으로 상승하여 빈곤을 벗어나는 빈곤탈출률이 불과 6%로 나타나(김대일, 2004), 절대빈곤층의 빈곤이 만성화되고 있음을 보여 주고 있다. 이러한 빈곤의 함정 현상이 계속되면 계층의 양극화가 심각해져 사회불안이 증가된다.

또한 아동기의 빈곤 경험은 아동이 정상적인 발달 과업을 성취하는 데 장애를 줄 뿐만 아니라 그 장애가 누적되어 성인이 된 이후에도 부정적인 영향을 미치며, 빈곤이 세대에 걸쳐 대물림되는 결과를 낳게 된다. 그러므로 이러한 빈곤의 대물림 현상에 적극적으로 대처해야 한다.

게다가 최근 우리나라의 출산율은 지속적으로 감소하고 있다. 1992년 1.78명이었던 것이 2000년 1.47명, 2005년에는 최저인 1.08명으로 떨어졌다가 2006년 1.13명으로 조금 회복하였다. 이러한 출산율의 감소로 인해 아동 하나하나의 사회적 가치는 더 높아지고 있다.

국가의 존립을 위해서는 아동에 대한 투자를 통해 우리 사회의 모든 아동들이 건강하고 생산적인 성인으로 성장할 수 있는 기회를 제공해야 한다. 아동에게 사회적 투자를 확대하는 이러한 방향은 전체 아동의 기본 역량을 강화하여 인적 자원 고도화를 뒷받침하고 취약 위기아동에게 균등한 기회를 보장하여 양질의 인적 자본 형성과 미래 성장 동력 기반을 공고히 하게 될 것이다.

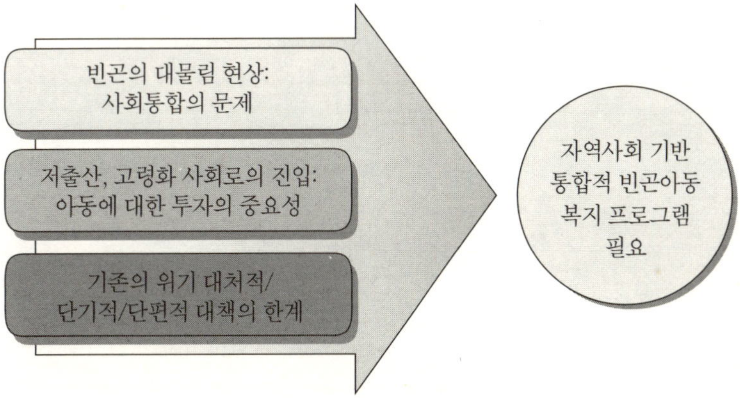

[그림 4-1] 위스타트 운동 추진 배경

우리나라의 기존 아동복지서비스는 사회적 투자의 방향이기보다는 사후대처적이고 단기적 · 단편적이라는 한계를 가지고 있었다. 따라서 새로운 형태의 지역사회 기반의 통합적 아동복지서비스가 요구된다.

(2) 경과

2004년 3월 중앙일보의 기획기사로 '가난에 갇힌 아이들' 이 보도되었다. 이 기사가 큰 반향을 일으켜 같은 해 4월 중앙일보 주최 '빈곤아동 대책 토론회' 가 열렸고, 그 성과물로 5월에 위스타트 운동 본부가 발족되었다.

운동 본부 발족 당시 중앙일보, 한국복지재단, 사회복지공동모금회 대표가 공동대표를 맡아 3개 단체가 주도적인 역할을 수행하였고 2006년 10월에는 위스타트 운동 본부가 사단법인으로 발기인 총회를 개최하였다.

위스타트 사업은 위스타트 운동 본부와 지방자치단체의 협약에 의하여 추진되기 시작하였으며, 2007년 현재 4개 광역시 · 도의 총 18개 마을에서 위스타트 마을 만들기 사업이 추진되고 있다. 최초의 위스타트 사업은 2004년 6월 경기도와 위스타트 운동 본부가 협약을 체결하여 추진되었다. 2004년 5월 운동 본부 발족 이후 서울, 경기, 강원, 전남 총 18개 마을로 확대되고 있다(2007년 6월 현재).

경기도의 경우 2004년부터 안산시 초지동, 군포시 산본1동, 성남시 야탑3동 3개 지역에서 위스타트 사업을 추진해 오고 있으며, 2005년 6월에 수원시 우만1동, 광명시 하안3동, 고양시 주교동, 양주시 회천2동이 추가로 지정되어 사업이 추진되고 있다. 2006년 3월에는 구리 마을을 지정하였으며 5월에는 안산 초지 마을과 군포 제2마을을 추가 지정함으로써 총 10개 마을에서 위스타트 마을 만들기 사업이 실시되고 있다. 경기 마을 이외의 지역을 보면, 2005년 11월에 강원도 정선 함백 마을, 속초 아바이 마을, 철원 민북 마을 3개 지역을 위스타트 마을로 지정하였으며, 2005년 11월에 서울에서도 강북과 강서 지역에 위스타트 마을을 지정하여 운영하고 있다. 2006년 9월에는 전남 지역 광양 마을, 장흥 마을, 진도 마을이 위스타트 마을로 지정되기에 이르렀다.

위스타트 사업은 민간이 먼저 시도하고 민과 관이 함께 운영한 아동복지서비스 영역의 사회적 실험이었다. 당시의 보건복지부는 2007년에 이 사업을 채택하여 전국적인 시범 사업을 '희망스타트' 라는 이름으로 시작하였다. 이후 복지, 교육, 보건 등 세 분야의 전문 인력과 다양한 서비스 프로그램을 갖추고

표 4-1 위스타트 사업 현황 (단위 : 개)

구분	경기	서울	강원	전남
2004년	3	0	0	0
2005년	7	2	3	0
2006년	10	2	3	0
2007년	10	2	3	3

저소득계층 아동에게 욕구별 맞춤형 전문서비스를 제공하기 위해 희망스타트가 본격적으로 활동을 시작하였다.

희망스타트센터는 2007년 1월부터 서울, 부산, 전남, 경북, 강원 등 13개 시도 16곳에 설치 · 운영되고 있으며, 사업비(50억 원)는 보건복지부(현 보건복지가족부)에서 전액 지원하고 사업은 해당 지방자치단체가 위탁받아 각각 연간 3억 원의 국고 지원 예산으로 운영하고 있다.

희망스타트 사업은 2007년 3월 사업 지역별로 아동 욕구 조사를 완료하고 4월부터 사업에 착수하였다. 6월까지 각 센터에서는 아동 욕구와 인프라 조사, 가정 방문 인테이크(가정 방문 인테이크는 통합서비스 제공 전 단계로서 개별 아동과 가구에 대한 기초적인 정보를 조사하는 것)를 모두 마치고, 복지 · 교육 · 보건 등 세 분야의 전문 인력을 5～10명씩 배치하였다. 7월부터는 아동들에 대한 건강검진, 치과치료는 물론 기초 학력이 떨어지는 아동들에 대하여는 방과후 학교를 열어 지도하거나 지역 학원들과 연계하여 지원하는 활동을 본격적으로 수행하고 있다.

2008년에는 약 100억 원의 예산을 확보하여 32개 지역으로 사업 지역을 확대하며, 향후 234개 전국 시 · 군 · 구로 확대해 나갈 중장기 계획을 가지고 있다.

3) 참여 기관 및 네트워크체계

위스타트 경기도 마을, 전남 마을의 경우 사회복지 관련 공무원이 센터장 및 기타 핵심 인력을 차지하는 공적 전달체계 모형을 따르고 있고, 서울 마을의 경우 사회복지관에서 센터를 위탁 받아 운영하는 사회복지관 모형을 따르고 있다. 강원도 마을의 경우 마을 유지 등이 중심이 되는 마을 운영위원회에서 센터 운영을 최종 책임지는 운영위원회 모형을 따르고 있다.

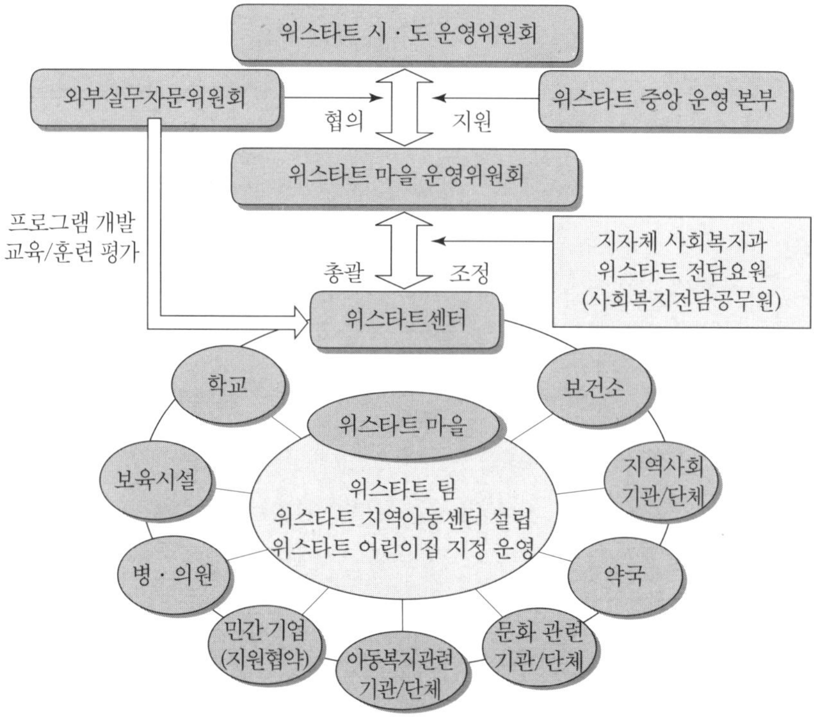

[그림 4-2] 위스타트의 사업 조직도

희망스타트 사업의 경우 보건복지가족부가 사업을 전체 총괄하고 있으며, 이 사업의 원활한 진행을 위해 사업지원단이 사업의 전체적인 기획, 직원 교육, 사업 홍보, 사업 평가 등을 위탁 받아 수행하고 있다.

각 지자체는 희망스타트센터를 만들어 34명 정도의 전담공무원을 배치하고, 56명 정도의 민간 수행 인력을 고용하여 총 910명 정도의 인력으로 사업을

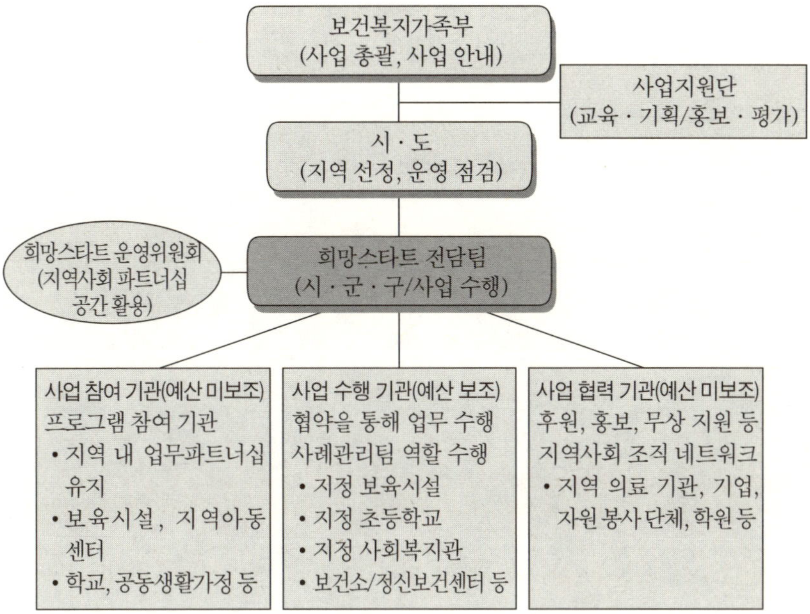

[그림 4-3] 희망스타트 사업체계

수행하고 있다. 공간이나 서비스는 가능한 기존 지역 인프라를 충분히 활용하는 것을 원칙으로 하고 있다.

4) 주요 사업

위스타트 운동 본부는 위스타트 사업의 표준안으로서 민관 협력, 지역사회 중심, 지자체의 지원, 가급적 어린 나이에 중점, 예방적 통합적, 고품질 맞춤형 서비스 제공을 통해 지역사회 보건, 복지, 교육 공동체를 구축하는 것을 제시하고 있다.

위스타트 마을 만들기 사업에서는 건강, 보육, 교육과 복지, 가족복지 네 가지를 핵심 영역으로 설정하고 다양한 복지서비스를 제공하고 있다.

이 네 가지 영역의 서비스를 제공하는 데에 사례관리와 지역사회 조직화라는 추진 전략을 적용함으로써 클라이언트의 상황에 적합한 통합적인 서비스를 제공하고 있다.

희망스타트의 주요 사업도 위스타트와 같이 건강, 보육, 복지, 가족지원 네 가지를 핵심 영역으로 설정하고 다양한 건강 교육 복지서비스를 통합적으로 제공하고 있다.

* 출처: 안산시 위스타트센터(2005).

[그림 4-4] 위스타트 마을 만들기 사업 내용

5) 재정

위스타트의 예산은 각 센터당 3억 원 정도가 투입되며, 공무원 조직을 활용하는 경우 이 예산에 공무원의 임금은 포함되지 않는다.

예산은 주로 시비나 도비가 50% 이상을 차지하고 기초 지자체와 후원 기업체(강원도의 경우 팬택, 전라남도의 경우 C&M커뮤니케이션)도 예산의 일정 부분을 담당하고 있다. 이렇게 예산도 다양하게 통합하여 활용하고 있다.

하지만 희망스타트의 경우 3억 원의 예산을 전액 국고 지원하고 있다. 이 예산에도 센터의 공무원 임금은 포함되지 않는다.

| 표 4-2 | 희망스타트의 구체적 서비스 내용

분야별	서비스 내용	사업 수행 기관(인력)
보건 (정신보건 등 건강지원)	• 가정 방문 보건서비스 제공 • 임산부, 영유아 보충 영양 프로그램, 정신 건강 및 발달 스크리닝 • 지역 내 보건 의료 통합 연계망	보건소, 정신보건센터 등 (간호사)
복지	• 학교 내 교육 복지 프로그램 제공 • 방과후 프로그램 지원 · 관리	초등학교, 지역아동센터 등 (사회복지사)
보육	• 영유아 교육 중재 프로그램 • 가정 방문, 시설 내 부가적 서비스 제공 • 책 읽어 주기, Book Start 등 발달 지원서비스	국공립보육시설 (보육교사)
통합서비스 제공 및 가족지원 사업	• 학대 예방, 안전 등 통합서비스 • 부모 자녀양육능력 강화 • 문화 체험, 부모 참여 등 가족지원 • 지역 보건복지 자원 발굴 및 연계	사회복지관 (사회복지사)

6) 평가 및 시사점

위스타트와 희망스타트 사업이 가지고 있는 핵심적인 특징을 설명하면 다음과 같다(김상곤, 2005).

첫째, 위스타트와 희망스타트 사업은 아동과 그의 가족을 대상으로 맞춤형 통합서비스를 제공하는 것이 특징이다. 위스타트 사업은 사례관리를 기본으로 복지서비스 이용자들의 문제와 욕구에 기반한 맞춤형 서비스를 제공한다. 특히 그동안 분리되어서 제공되던 보건 · 복지 · 보육 · 교육 서비스가 통합적으로 제공됨으로써 통합적인 서비스 제공이 가능해진다.

둘째, 위스타트와 희망스타트 사업은 예방 중심의 포괄적 서비스를 지향한다. 위스타트 마을 만들기 사업은 빈곤가정과 아동을 대상으로 영유아 및 학령기 아동은 물론 임신에서 출산기까지 가급적 조기에 빈곤가정 아동을 지원함으로써 문제를 원천적으로 예방하고자 하는 사업이다.

셋째, 위스타트와 희망스타트 사업은 궁극적으로 자녀 세대와 부모 세대에 동시에 개입하는 '2 세대 프로그램(two generation program)'을 지향하는 사업이다. 성인 중심이나 아동 중심의 분절적 프로그램에서 벗어나 2 세대에 대한 동시적 접근을 통해 부모의 경제적 자활 능력은 물론 양육 능력의 향상을 가져와 아동 프로그램에서 얻어진 긍정적인 효과가 지속될 수 있도록 돕는다.

넷째, 위스타트와 희망스타트 사업은 아이들이 살기 행복한 '건강한 마을 만들기 사업'이다. "아이를 키우기 위해서는 한 마을이 필요하다."라는 속담처럼 위스타트와 희망스타트 사업은 지역사회 조직 사업으로 건강한 마을을 만들기 위한 사업이다.

마지막으로 위스타트와 희망스타트 사업은 수행 인력에 있어서 민간과 공공 기관의 협력을 기반으로 간호, 보육, 교육 복지 전문가들 간의 다학제적인 접근이 이루어지는 팀 접근 사업이라는 특징을 가지고 있다. 아동발달에 요구되는 복지서비스는 광범위하고 포괄적이어서 어느 한 기관에 의해서 독자적으로 제공될 수 없고 다양한 서비스 전달 주체가 개입된다. 그간 아동복지서비스 전달 과정에서 기관 간 연계체계의 확립 필요성이 끊임없이 제기되어 왔지만 기관들의 구심점 역할을 할 중심축이 없다는 문제점이 있었다. 하지만 참여정부에서 희망스타트센터가 시범 사업 형태로 진행되면서 통합적 서비스체계를 구축할 수 있는 단초가 마련되었다.

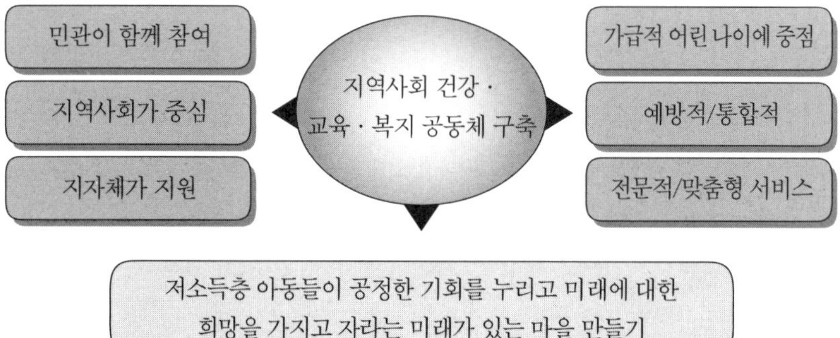

[그림 4-5] 위스타트 마을 사업 개념도

2. 지역아동센터의 네트워크 운영 실태

1) 목적

2003년 12월 19일 「아동복지법」 제16조 11항에서 "지역아동센터"가 "지역사회 아동의 보호 · 교육 · 건전한 놀이와 오락의 제공, 보호자와 지역사회의 연계 등 아동의 건전육성을 위하여 종합적인 아동복지서비스를 제공하는 시설"의 하나인 아동복지시설로 법제화되었다.

지역아동센터의 구체적인 목표는 다음과 같다.

- 빈곤 위기아동의 지역 내 보호 개념 실현: 지역사회 안에서 아동의 권리 보장과 안전한 보호 및 급식 지원으로 결식 아동 예방
- 교육적 기능 수행: 아동의 학습 능력 제고, 학교부적응 해소, 일상생활 지도, 학교 생활 유지 및 적응력 강화
- 정서적 지원: 아동의 심리 · 정서적 안정 및 건강한 신체 발달 기능 강화
- 문화서비스 제공: 문화적으로 소외되어 있는 아동에게 문화 체험 및 다양한 문화 경험의 장을 제공
- 지역사회 연계: 지역사회 자원 확보, 발굴 및 지원 강화, 지역사회 내 아동문제에 대한 사전 예방적 기능 및 사후 연계

지역아동센터는 법에서 제시하고 있는 사업 목적과 기본 개념에 근거한 아동복지시설로 지역사회 내 보호를 필요로 하는 아동을 우선으로 하여 일반아동까지 이용하는 아동이용시설이다. 지역사회 자원 확보, 발굴 및 지원 강화를 통해 지역사회 내 아동 문제에 대한 사전 예방적 기능과 사후 연계를 통한 지역사회 연계의 기본 기능을 가지고 있다.

2) 추진 배경 및 경과

(1) 추진 배경

저출산 · 고령화에 따른 아동의 인적 자원 중요성이 커지면서 사람에 대한 투자가 우선됨에 따라 아동의 사전적, 예방적, 적극적 서비스 제공이 시급해졌다. 이에 예방적 차원에서 지역아동센터의 확대가 필요하다는 정책적 판단에 따라 2004년 224개를 시작으로 2007년 2,300여 개로 그 수가 급속히 증가되었다.

가정 해체 등으로 인한 아동 양육 환경 악화, 빈곤아동의 지속적인 증가, 결혼이민자 가정 출신의 새로운 빈곤아동 등장 등도 확산의 배경이 되고 있다

- 만 18세 미만의 빈곤율: 절대빈곤율 8.79%, 상대빈곤율 14.57%
- 지역아동센터를 이용하는 결혼이민자 가정의 빈곤아동: 2007년 6월 현재 전체 이용 아동의 0.79%, 539명
- 주간에 아동 혼자 또는 아동끼리 지내는 비율: 2.3%(통계청, 2005)

지역아동센터는 아동들이 접근하기 쉬운 지역사회에 위치하여 아동들에게 통합적인 복지서비스를 제공함으로써 지역사회에서 건강한 인적 자원을 양성하는 기관으로 자리매김하고 있다.

(2) 경과

2004년 1월「아동복지법」개정으로 민간의 방과후 공부방이 지역아동센터로 제도화되면서 그 수가 빠르게 증가하였다.

2004년부터 2007년 상반기까지의 지역아동센터 신고 현황을 살펴보면, 2004년 454개소, 2005년 상반기 1,377개소, 2006년 1,869개소, 2007년 상반기 2,187개소로 대부분의 지역아동센터가 신고한 기관인 것으로 나타났다. 신고 기관은 2004년 38.0%(340개소)에서 2007년 상반기 96.3%(2,187개소)로, 법제화 이후 대부분의 공부방이 지역아동센터로 신고한 후 운영하고 있는 것으로 나타났다.

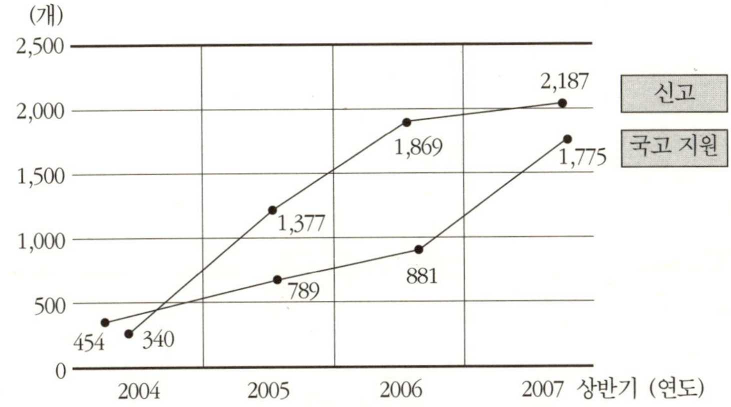

[그림 4-6] 국고 지원별 지역아동센터 설치 현황

2004년부터 2007년 상반기까지 분기별로 지역아동센터를 이용하고 있는 아동의 현황을 살펴보면, 2004년에 약 2만 3 ,000명에서 2007년 상반기까지 약 6만 8,000명으로 증가했음을 알 수 있다. 학년별로 이용 아동 현황을 보면, 초등학생이 2004년 1만 8,348명, 2005년 3만 4,617명, 2006년 4만 6,575명, 2007년 상반기 5만 4,267명이 이용하고 있는 것으로 나타났다.

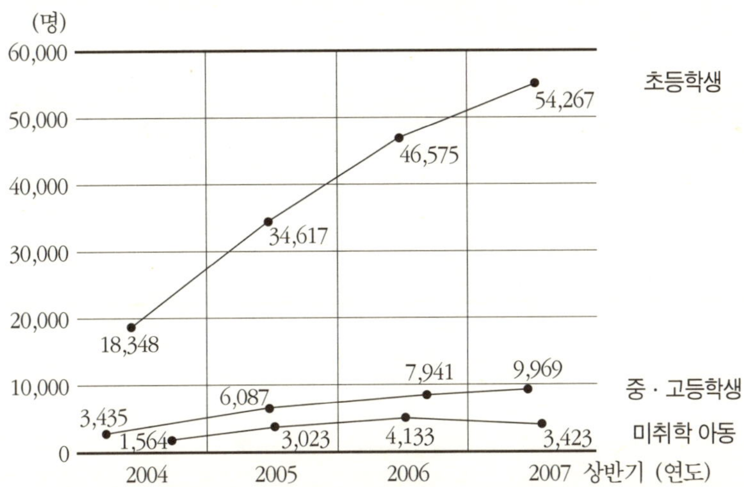

[그림 4-7] 연도별 지역아동센터 전체 이용 현황

3) 참여 기관 및 네트워크체계 현황

2007년 보건복지부 아동복지사업지침에 의하면, 지역아동센터는 지역사회 인적 자원(자원봉사자 등) 및 물적 자원(후원 등)을 적극 활용하는 방안을 강구하여 시설을 운영하여야 한다.

지역사회 빈곤 · 결손 아동 지원 관련 기관 협력체계는 [그림 4-8]과 같다. 시 · 도(시 · 군 · 구) 및 지역아동센터는 지역사회 자원 활용을 위한 네트워크를

지역사회 빈곤아동 등 보호	지역사회 인적 자원 지원 시스템 구축	보호서비스, 학습지도, 상담서비스, 정서적 지원서비스, 가사지원서비스, 생활 지도서비스 등 연계
		• 학교: 교사, 보건교사, 급식담당교사, 상담교사, 학교사회복지사, 학부모운영위원회 등 • 종교단체: 자원봉사자 등 • 지역사회복지관: 자원봉사자, 사회복지사 등 • 지자체: 사회복지담당공무원, 아동위원 등 • 지역사회 주민조직: 부녀회, 주민자치회 등 • 기업: 전문 인력, 자원봉사 • 사회복지단체: 사회복지사, 관련 전문가 등 • 대학: 자원봉사자, 멘터 등
	지역사회 물적 자원 지원 시스템 구축	결연, 후원, 급식 지원, 교구 · 교재 지원, 시설 기능 보강 지원, 문화서비스 등
		• 급식: 학교, 지역아동센터, 동사무소, 지역사회복지관, 자활지원센터 등 • 후원 · 결연 : 기업, 지역사회복지관, 지역아동센터, 지역사회 주민조직, 지역 내 사회복지단체, 동사무소 등 • 교구 · 교재 지원, 생필품지원 : 기업, 지역사회복지관, 지역아동센터, 문화단체, 사회복지단체 등 • 교육: 학교, 지역아동센터, 지역사회복지관 등 • 문화: 공원, 미술관, 영화, 연극, 캠프, 수련회 등
	지역사회 의료 자원 지원 시스템 구축	예방 접종, 건강 진료, 건강 상담, 정신 · 보건 교육, 성교육, 위생 교육, 건강 교육 등
		• 보건소 • 병원, 의원 • 정신보건센터 • 의사협회, 약사협회 • 환경, 의료 관련 단체(환경재단, 건강네트워크 등)

[그림 4-8] 지역사회 빈곤 · 결손 아동 지원 관련 기관 협력체계 구축

적극 구축하여 운영하여야 한다. 또한 시 · 도(시 · 군 · 구) 및 지역아동센터는 지역사회의 참여 활성화를 통해 지역사회 빈곤 · 결손 아동들을 보호 · 교육하고 급식, 문화, 상담서비스를 제공하여 가난의 대물림을 차단하고 사회안전망을 확충해 나가는 시스템을 구축하여 운영하여야 한다.

민간 단위의 네트워크 형태로는 우선 중앙지역아동정보센터 네트워크체계가 있다. 2007년 보건복지부 위탁 사업인 "지역아동센터 관리 및 운영 지원 사업"으로 지역아동센터 정보 제공, DB구축, 교사 교육, 매뉴얼 개발, 연계, 홍보, 지자체 담당공무원 연계 및 지역아동센터 관리 및 운영 지원에 대한 사업을 진행하고 있으며 구조는 [그림 4-9]와 같다.

민간 단위의 또 다른 네트워크 형태는 각종 단위의 연합회 혹은 협의회 구조이다. 회원들을 중심으로 전국 단위의 지역아동센터 관련 연합회 중 전국지역아동센터협의회와 지역 단위의 연합회 또는 협의회 구조가 있다.

전국지역아동센터협의회는 2006년 말 기준으로 전국의 673개 지역아동센

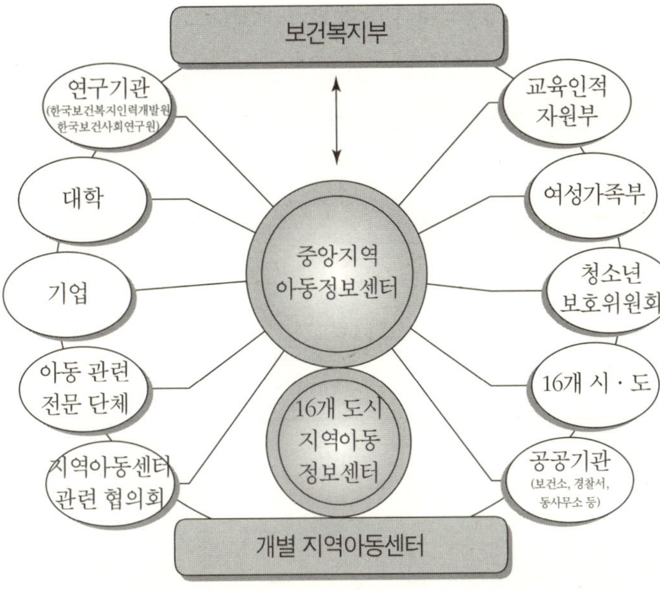

[그림 4-9] 2007년 중앙지역아동정보센터 네트워크체계

터가 회원으로 가입하여 16개 시 · 도 단위의 지부 형태의 협의회를 두고 시 · 군 · 구 별로 지회 활동을 전개하고 있다. 지역 단위의 연합회 또는 협의회 구조는 실제 지역에서 활동하고 있는 모든 단위의 지역아동센터가 가입하여 활동하고 있으나 유형의 형태가 있는 것이 아니라 사안에 따라 모이고 있어 실제적으로는 네트워크의 1차적 기능을 하고 있다. 몇 가지 형태의 네트워크 사례를 보면 다음과 같다.

사례 1 강릉시 방과후 공부방 네트워크

목적은 지역 전체를 포괄하는 실질적인 사회안전망의 구축, 효율적인 자원의 모집과 지역 자원의 연계를 위한 네트워크, 주민자치의 활성화와 공동체 운동의 활성화를 위한 네트워크 등이다.

네트워크에는 16개(신고 시설 8개, 미신고 시설 8개) 센터가 참여하여 지역별로 주문진읍(3개), 포남동 송정동(4개), 입암동(2개) 외 7개 센터가 가입되어 있으며 운영 모델은 [그림 4-10]과 같다.

조직상 지역위원회는 3~5개의 방과후 공부방(지역아동센터 포함)들이 좁은

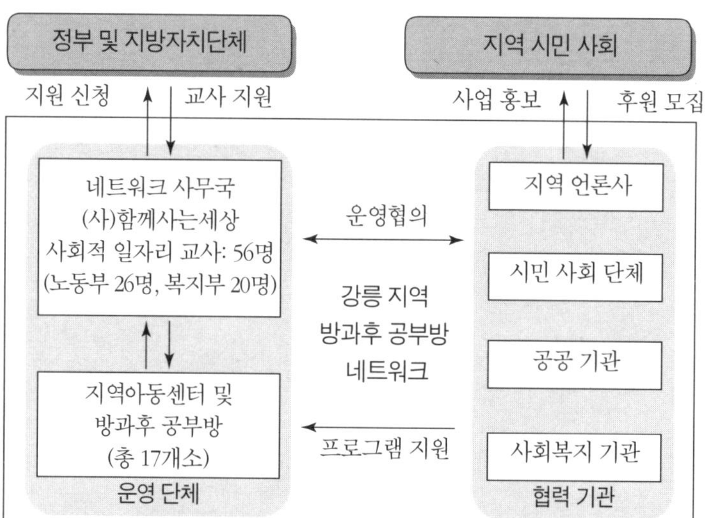

[그림 4-10] 강릉 지역 방과후 공부방 네트워크

공부방 공간의 활용성과 공동 프로그램 운영의 효율성을 높이기 위해 구성한 지역 소위원회이다.

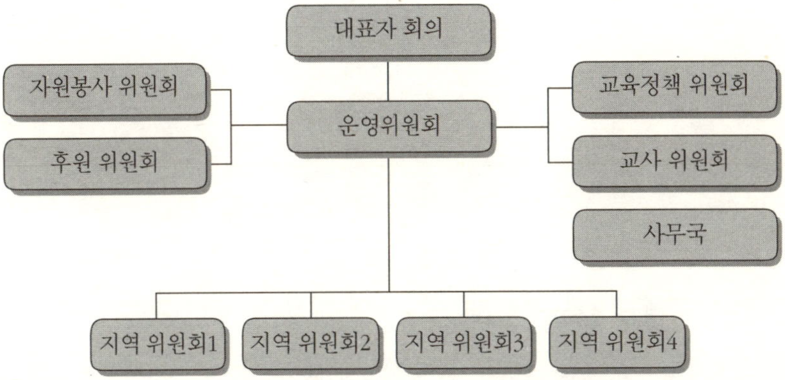

[그림 4-11] 강릉 지역 방과후 공부방 네트워크 조직도

사례 2 개별 지역아동센터 단위의 체계

지역 공부방에서부터 시작한 지역사회를 근거로 한 서울의 빈곤 밀집 지역의 개별 지역아동센터의 네트워크체계 모형의 예를 보면 [그림 4-12]와 같다.

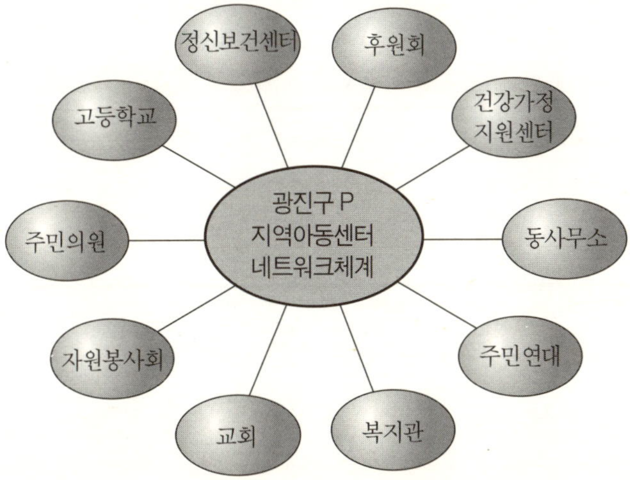

[그림 4-12] 광진구 P 지역아동센터 네트워크체계

서울 광진구의 P 지역아동센터 네트워크 지원체계는 각 센터가 개별적으로 지역 자원을 연계하는 일방적인 네트워크체계로 이용 아동의 필요에 따라서 자원을 연계하는 수준이다.

- 정서적인 측면: 아기사랑후원회, 정신보건센터, 화인정신과, 건강가정지원센터, 주민의원 등을 들 수 있다. 정서적으로 문제가 있다고 판단하는 아동을 일차로 상담한 후 아기사랑후원회에서 파견하는 미술치료교사가 지속적으로 미술치료를 해 오고 있고, 좀 더 문제가 심각한 아동은 정신보건센터에 의뢰해 1차 심리 검사를 받게 한 후 화인정신과와 연계해 지속적인 약물치료와 사회성 훈련이나 인지치료 등을 받도록 하고 있으며 이용 아동의 건강 검진과 건강 교실을 운영하고 있다.
- 인지 학습적인 측면: 부족한 학습 지원 자원봉사자와 급식 자원봉사자는 자원봉사센터와 복지관, 광남중학교 자원봉사회, 각 교회 여신도회를 통해 지속적으로 파견을 받고 있다. 특히 자양고등학교 2학년 학생들과 중학생들 간의 멘터-멘티 결연을 주선하여 학습 지원과 안전 지원을 함께 하고 있다.
- 경제적인 측면: 이용 아동의 개별 장학금 지원 10명을 제외하고 경제적으로 어려움을 겪고 있는 아동들에게 복지관이나 아기사랑후원회 등 지역 자원을 연계해 장학금 지원 사업을 하고 있다.
- 공공 기관과의 연계 측면: 동사무소 사회복지담당자와의 긴밀한 협조 관계를 맺음으로써 지역에 방치되고 있는 빈곤가정의 아동을 발굴해 내고 있다.

사례 3 프로젝트 형식의 청소년 전용 지역아동센터 1318해피존 네트워크

청소년 전용 지역아동센터 1318해피존 운영 모델 구축 사업은 SK 텔레콤, 교육과학기술부, 보건복지가족부, 부스러기사랑나눔회가 함께 진행하는 사업으로서 3년간 전국의 35개 센터를 운영하여 모델을 구축하는 사업이다.

이 사업은 해피존 모델을 정책화하고, 3년 동안 35개 개별 단위의 해피존 사업 주체 간 네트워크를 형성하여 지역사회 안에서 해피존을 자립시키고, 청소년 전용 지역아동센터를 운영하고자 하는 개체에게 컨설팅할 수 있는 인적 자원 개발과 컨텐츠 개발로 진행되고 있다.

따라서 개별 기관은 지역 내에서 다양한 기관과의 지역사회 자원 네트워크를 구축한다. 현재 선정된 29개 개별 센터들은 1318해피존 사업단과 네트워크를 구축하여 센터 설치 및 운영, 회계 재정, 프로그램 운영, 지역사회 연계 방법 등 표준화된 모델을 운영하며 사업 주체 간 네트워크를 형성하고 있다([그림 4-13]).

- 1차적 목표: 사업 주체 간 네트워크 형성(각종 정보 제공, 교육의 목표 공유, 동일화된 운영을 통한 정책화)
- 2차적 목표: 정책화 후 개별 기관이 지역사회 안에서 개별 기관으로서 1318세대를 위한 네트워크 거점 센터로 기능

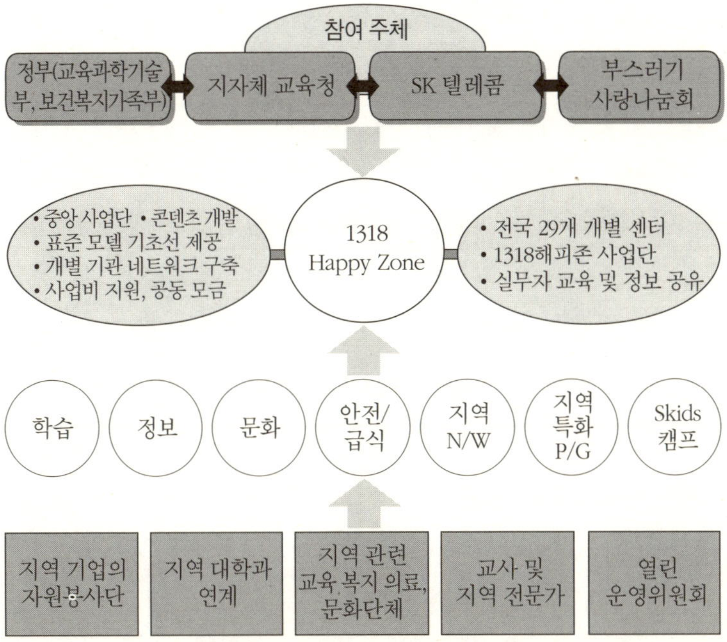

[그림 4-13] 1318해피존 네트워크체계

4) 주요 사업

정부의 지침에는 개별 기관의 역량에 맞게 지역아동센터가 지역의 다양한 기관과 네트워크하도록 되어 있으나 구체적인 지원과 지침, 방법 등은 없다. 민간 기관에서 진행하고 있는 네트워크 혹은 연계, 연대, 파트너십 협력을 통해 얻고자 하는 주요 사업인 프로그램 내용을 살펴보면 다음과 같다.

- 회원 중심의 협의회 주요 사업: 조직 강화, 실무자 교사 교육, 대외 협력, 정책 사업, 홍보 출판이 주요 사업으로 회원들의 권익을 보장하고 협의회의 추진 목표를 달성하는 것이 중심으로 되어 있다.
- 지원 사업 중심의 주요 사업: 회원들의 정보 공유, 다양한 물품, 현금, 프로그램 지원을 중심으로 개별 기관 스스로 획득하기 어려운 것을 제공하는 것이 중심으로 되어 있다.
- 정보 제공 중심의 주요 사업: 온/오프라인을 통해서 지역아동센터 운영에 관한 다양한 정보 제공과 정책 안내, 매뉴얼 개발, 지역아동센터 종사자 교육, 전체 지역아동센터 DB 구축, 이용 아동 실태 및 만족도 조사, 평가틀 개발, 관련 부처와 정책화 사업, 지자체 공무원 인식 개선 등이 주요 사업으로 진행되고 있다.
- 개별 기관이 지역 중심의 네트워크 주요 사업: 개별 기관이 사업을 진행함에 있어서 필요하거나 부족한 부분을 지역사회 내 관련 단체와 개인적 통로를 통해 연계하고 있는 정도이다. 개별 기관의 사례에서 볼 수 있듯이, 지역 단위의 연대 정도에 따라 네트워크 연결 정도가 다르다. 지역사회 내에서 아동과 관련된 다양한 단위와 아동 필요와 기관 필요에 따라 연결하고 있는 정도이다.
- 프로젝트 중심의 주요 사업: 모델 구축을 통한 정책화 사업이 목적이기 때문에 개별 기관들에게 표준화된 모델을 제시하여 운영토록 한다. 따라서 개별 기관들 간의 유기적인 네트워크를 통해 기관 운영과 프로그램 운영

에 대한 정보를 공유하며 공통의 사업을 진행하고 있다. 개별 기관 종사자 간의 네트워크는 매우 적극적이고 원활하며 각 개별 기관은 지역 안에서 스스로 네트워크를 구축하고 있으나 개별적인 차원에 머물러 있다.

5) 재정

정부의 운영비 지원 금액은 2008년 현재 개소당 월 220만 원이다. 지방 재정이 가능한 경우 국고 지원금 이외에 추가로 지원이 가능하다.

또한 지역아동센터에서 급식을 실시할 경우 지자체별로 아동 1인당 급식비가 지원된다. 지자체의 급식 지원 형태에 따라 다르나 2007년 현재 전체 급식을 지원하는 1,846개소 중 약 66.7%만이 지자체 급식비를 지원받고 있다.

한편 사회적 일자리 형태로 2007년 기준으로 224억 원을 배정하여 개별 지역아동센터에 개소당 1.5명 정도(총 2,700명)로 약 10개 분야의 다양한 아동복지 교사를 파견하고 있다.

6) 평가 및 시사점

지역아동센터는 전국적으로 질적 수준 편차가 심한 것이 현실이다. 지역사회 내 빈곤아동 및 보호를 필요로 하는 아동을 위한 1차 기관으로서 현재 아동복지시설 중 가장 많은 아동이 이용하는 시설이기는 하나 정부 지원 정도나 개별 기관의 자립이나 역량 면에서 지역아동센터의 본래적 기능을 수행하기에는 부족한 부분이 많다.

센터별로 적극적인 지역사회 연계 혹은 네트워크 기능이 필요하나 개별 기관은 낮은 의사소통 단계의 네트워크 수준에 머물러 있는 것이 현실이며, 지극히 개별적이며 지역에 있는 동일 기관 혹은 1차 기관과의 연계 수준 정도에 머물러 있다.

지역아동센터가 지역 안에서 네트워크 구성 단위가 되거나 구성 단위의 주체가 되기 위해서는 현재 지역아동센터의 표준화와 역량 강화가 우선적으로 전제되어야 한다.

회원 중심의 전국 단위 협의회는 관계의 공식성이나 자원의 공유, 교사 교육 정도로 이루어지는 네트워크 형태로 이해될 수 있지만 회원들의 이해 관계에 따라 네트워크 수준이 달라질 수 있다.

지역의 개별 단위 네트워크는 상호작용 속에서 의사소통과 공동 프로그램 진행 속에서 네트워크가 구성되며, 특히 공동 사업을 통한 모델 구축 형태의 네트워크 사업은 개별 단위 간의 네트워크 형성에 긍정적 요소를 갖는다. 그러나 현재 지역아동센터 네트워크는 상호작용 없이 단기적 필요에 따른 형태이며, 공통으로 운영하는 것은 주로 캠프, 마을축제, 문화축제 정도이다.

네트워크 모델로서 1318해피존의 경우 중앙 단위에서는 정부, 기업, NGO가 사업 주체가 되어 지역 단위를 지원하고, 지역사회 안에서 지자체, 지역의 대학, 자원봉사단체, 도 · 구의원, 교육청, 사회복지기관을 열린 운영위원회에 참여시켜 사업을 시작하게 되므로 이 자체가 네트워크 구성을 함께 하여 시작하는 것으로 볼 수 있다.

1318해피존 사례는 1차 목표가 개별 단위 간의 네트워크 형성을 통해서 지역사회에서 상호작용, 조정과 협력의 단위로 나아갈 수 있는 준비를 하는 것이다. 참여 주체들이 좀 더 공식적 관계를 통해 공통의 사업이나 프로그램을 진행하게 된다면 지역사회 안에서 네트워크 구성 단위로서의 역할을 수행할 수 있을 것으로 기대된다.

지역아동센터 네트워크를 통한 시사점은 다음과 같다.

첫째, 네트워크 활동은 지역 안에서 지역아동센터가 1차 기관으로서 표준화되는 센터를 육성하고, 사회적 기관으로 신뢰성을 확보하는 데 긍정적인 측면으로 작용할 것이다.

둘째, 지역사회 내에 구축될 네트워크체계에서 지역아동센터가 필요한 부분을 연계해 주고, 정보를 제공해 주고, 협력 단위로서 공식적 관계와 상호작용이 가능할 수 있도록 지원해 줄 수 있는 역할을 할 수 있을 것이다.

셋째, 아동 · 청소년 관련 단체 혹은 실무자들과의 연대를 통해 지역아동센터 실무자 역량이 강화되고, 지역사회 안에서 2차 기관의 네트워크가 구축된다면 상대적으로 자원이 열악한 지역아동센터의 업무가 일정 정도 정리되고 고유 기능에 더욱 충실할 수 있을 것으로 생각된다. 특히 1318해피존과 같은 지역아동센터 모델 사업을 통해서 센터가 본래의 기능과 역할에 충실할 수 있다면 다른 기관들과의 네트워크 참여도 용이할 것이다.

3. 청소년지원센터의 네트워크 운영 실태

1) 목적

이 네트워크는 보건복지가족부의 지역사회 청소년통합지원체계(CYS-Net)로서 시 · 도, 시 · 군 · 구 등 일정한 행정구역 내에 있는 청소년상담지원센터, 청소년쉼터 등 청소년 관련 기관 및 시설들이 각각 운영하고 있는 다양한 전문서비스 및 활동 프로그램을 상호 연계하여 정상적으로 성장하는 데 어려움을 겪고 있는 위기청소년[1]에게 전문적이고 특화된 서비스를 체계적 · 종합적으로 제공하여 가정, 학교 및 사회로의 복귀를 지원하는 청소년 안전 시스템이다.

위기청소년의 역량 강화를 위한 다차원적인 지역사회 청소년통합지원체계를 구축하여 의식주, 학업 지속, 정서적 지지, 역할모델, 문화 체험 등 위기청소년에게 실질적으로 필요한 제반 지원서비스 연계를 구축하고, 지역사회 내 연계 협력체계의 허브 기능을 수행할 지역별 청소년센터 설치를 확대하여 청소년의 역량 강화 및 복지 수준을 향상시키고자 하는 것이 목적이다.

1) "위기청소년"이라 함은 일련의 개인 · 환경적 위험에 노출되어 행동 · 심리적으로 문제를 경험할 가능성이 높으며, 적절한 개입 없이는 정상적인 발달을 이루기 어려운 상황에 있는 모든 청소년을 의미한다(국가청소년위원회 · 한국청소년상담원, 2006).

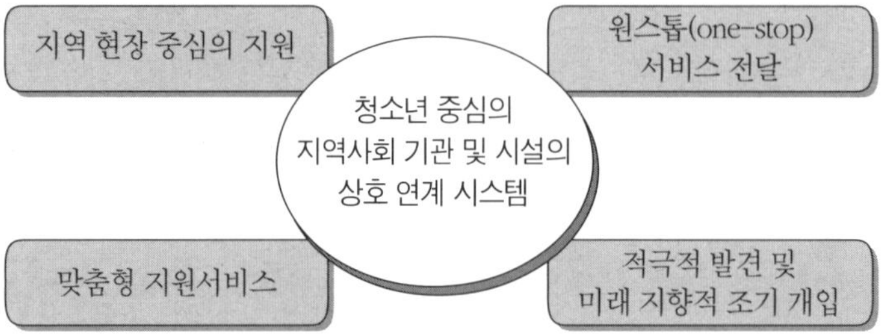

[그림 4-14] 지역사회 청소년통합지원체계(CYS-Net) 개념도

네트워크의 주된 목표는 시범 단계(2005년)부터 활성화 단계(2008~2010년)에 이르기까지 위기청소년 사회안전망 구축으로 2006~2010년 사이에 30만 명의 청소년에게 연계서비스를 지원하는 것이다.

| 표 4-3 | CYS-Net 연도별 추진 목표

단계별 구분	사업 내용
시범 단계 (2005년 5월~12월)	시범 사업: 5개 시 · 도(서울, 경기, 부산, 광주, 경남)
1단계 (2006년 : 구축 단계)	사업 확대: 시 · 도 16개소, 시 · 군 · 구: 40개소 위기청소년 2만 명 연계서비스 제공
2단계 (2007년: 안정화 단계)	사업 확대: 시 · 도 16개소, 시 · 군 · 구: 80개소 위기청소년 4만 명 연계서비스 제공
3단계 (2008년~2010년: 활성화 단계)	지역사회 정착(전 지방자치단체 시행) 성과 창출 및 타 영역, 외국으로 확대 보급 '08년 6만 명, '09년 8만 명, '10년 10만 명에게 연계서비스 제공

또한 위기청소년 연계망의 용이성, 긴급성, 파급 효과 등을 고려하여 단계적으로 연계망을 확대 추진하되, 1단계는 보건복지가족부가 지원하는 기관을 중심으로, 2단계는 지역사회의 청소년 관련 기관 등 공공 기관을 중심으로, 3단계는 시민단체, 종교단체 등 민간 자원을 중심으로 구축할 계획이다.

2) 추진 배경 및 경과

(1) 추진 배경

우리 사회의 양극화, 학교부적응, 가정 해체 등으로 위기청소년이 급증하고, 위기 지속 기간이 경과함에 따라 가출, 학업 중단 등 위기 심화 현상이 급증하고 있다.

- 위기청소년 170만 명, 고위험군 47만 명(2005 OECD 회의 자료)
- 학업 중단 기간 경과에 따른 '보호 관찰' 청소년 증가(1~6개월 5.5% → 6개월 이후 11.0%)
- 비행청소년 교정 이후 적절한 사회서비스 부재로 재범률 증가(재범률: 1997년 29.0% → 2003년 35.0%)

대부분의 위기청소년의 경우 가정, 학교, 친구 관계 등에서 복합적인 문제를 가지고 있는 반면, 서비스를 제공하는 지역사회안전망은 취약하다. 이 사업 추진 당시의 국가청소년위원회는 위기청소년의 다양한 욕구 충족과 청소년 상담, 위기청소년 보호 · 지원, 자활, 활동 등 청소년 관련 사업 연계를 통한 정책 시너지 효과를 위해서 지역사회 기반의 통합적 지원체계를 구축하였다.

이를 위해 2005년도에는 2개 시(부산, 광주)에 청소년종합지원센터를 설치하였고, 2개 도(경기, 경남)의 경우 기존의 청소년종합상담센터가 청소년 상담과 함께 위기청소년 긴급 구조, 일시 보호, 자활 등 통합 기능을 수행할 수 있도록 했다.

아울러 「청소년기본법」을 개정(2005. 12. 29)하여 한국청소년상담원이 위기청소년 총괄 지원 기능을 담당하도록 하고, 시 · 도 및 시 · 군 · 구 청소년종합상담센터가 청소년에 대한 상담 · 긴급 구조 · 자활 · 치료 등의 기능을 수행하도록 했다.

2006년도 당시 국가청소년위원회에서는 전국 16개 시 · 도 청소년종합상담센터를 청소년상담지원센터로 확대 개편하여 청소년 상담과 함께 위기청소년에 대한 긴급 구조, 일시 보호, 치료 자활 등 통합 지원 기능을 담당하도록 했다. 또한 121개 시 · 군 · 구 청소년상담센터를 청소년지원센터로 확대 개편하여 청소년 상담, 위기청소년 지원 활동 이외에 청소년 활동 · 자원봉사 · 참여 · 인권 등에 대한 정보 제공 등 복합적 기능을 수행하도록 했다(국가청소년위원회, 2006).

이에 따라 지역사회 청소년의 건강한 성장과 발달을 돕는 기능과 역할을 해온 상담지원센터가 지역사회 내 청소년 지원 기관 및 단체들 간 연계의 중심이 되어 한 축으로는 건강한 청소년들이 더욱더 건강해질 수 있도록 지원하며, 다른 한 축으로는 위기청소년의 발굴 및 보호, 자활에 이르는 체계적이고 통합적인 서비스를 지원할 수 있도록 하였다.

(2) 경과

- 국가청소년위원회 출범(2005. 4. 27)
- "위기청소년 사회안전망 구축 사업"을 핵심 과제로 추진
- 위기청소년 지원체계 개편 및 기능 확대
- 청소년종합지원센터 설치(부산, 광주) 및 청소년종합상담센터 기능 확대(경기, 경남)
- 한국청소년상담원 위기청소년 총괄 지원 기능 수행(2005. 12)
- 청소년전화 1388 통합 및 3개 기관 업무 협약 체결
- 청소년전화 1388과 가출청소년 신고전화 1588-0924 통합(2005. 9. 1)
- 교육부, 경찰청, 청소년위원회 협약 체결(2005. 9. 14)
- 지역사회 청소년통합지원체계 구축을 위한 연구 용역(2005. 9～12)
- 위기청소년 지역사회안전망 구축: 국제적 동향 및 정책 과제
- 위기청소년 지원 시설과 지원 정책 현황 및 사회안전망 구축을 위한 정책 방안 연구

- 위기청소년통합지원체계 구축 운영 방안 연구
- 「청소년기본법」 개정, 지역사회 위기청소년통합지원체계 근거 마련 (2005. 12. 29)
- 시 · 도 청소년상담지원센터 및 시 · 군 · 구 청소년지원센터를 확대 개편, 통합 기능 수행(2006. 1~)
- 센터 명칭 확정(2006. 2. 20)
- 시 · 도 청소년종합상담실 → 청소년상담지원센터
- 시 · 군 · 구 청소년상담실 → 청소년지원센터
- 청소년(상담)지원센터 중심의 CYS-Net 운영 실시(2006. 5)
- 정부 기능 통폐합에 따라 보건복지가족부로 이관(2008. 2)

3) 네트워크체계

CYS-Net 추진 주체는 [그림 4-15]와 같이 국가청소년위원회, 한국청소년상담원, 시 · 도, 시 · 군 · 구청, 청소년(상담)지원센터이다. 사업 전반에 대한 기획과 지원은 보건복지가족부에서 이루어지며, 지역별 기반 조성은 시 · 도, 시 · 군 · 구가 하고, 운영 및 평가는 한국청소년상담원이 청소년(상담)지원센터를 지원하도록 하고 있다. 청소년(상담)지원센터는 지역 내 지원 대상에게 직접 서비스를 실시하고 이를 위한 지역 내 조직을 구성하고 운영한다.

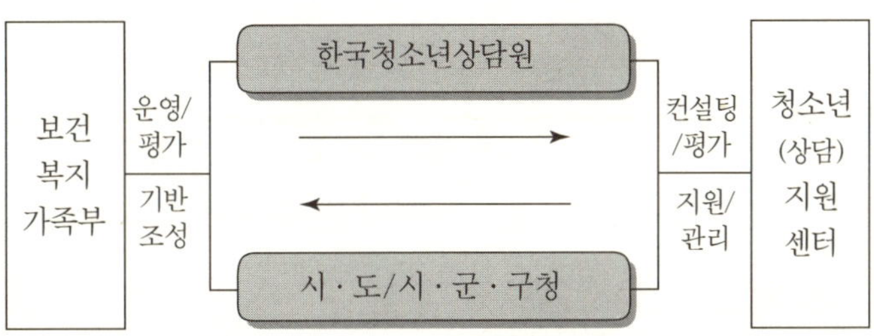

[그림 4-15] CYS-Net 추진체계

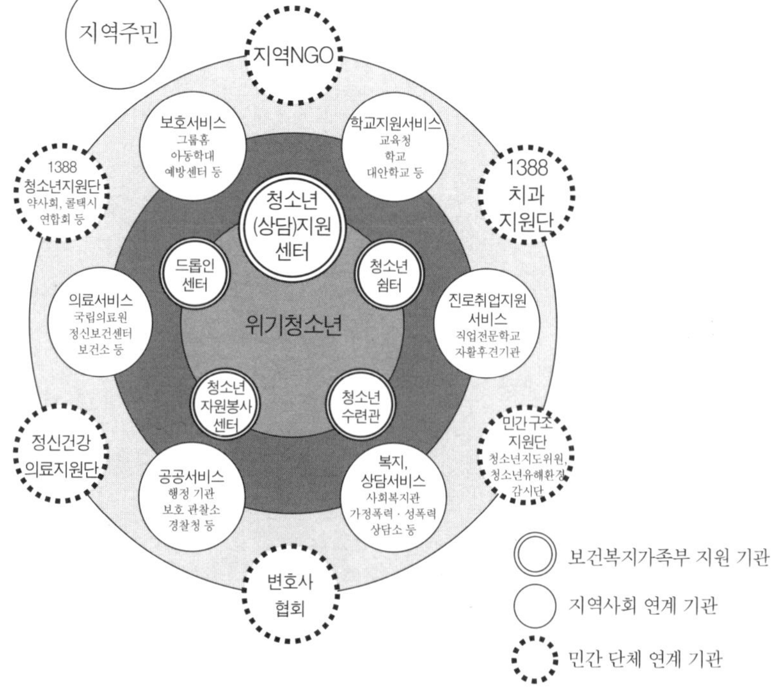

[그림 4-16] 지역 내 CYS-Net 추진 주체

지역 내 CYS-Net 추진 주체는 [그림 4-16]과 같이 청소년(상담)지원센터와 연계 기관이다. 지역 내에서 사업 전반에 대한 기획과 추진, 조직 구성, 활동은 청소년(상담)지원센터를 통해 이루어지며, 다양한 서비스 지원을 위해 지역 내 민관 유관 기관과 개인이 협약 등을 통해 기관 개인의 인적 및 환경적 하드웨어와 특화된 프로그램 및 전문 활동 등 소프트웨어를 상호 활용하고 지원하도록 했다.

협력 기관과 개인의 적극적인 활동과 지원을 위해 [그림 4-17]과 같이 각 기관의 대표와 실무자를 운영협의회, 실행위원회 위원으로 위촉하고 기관을 1388 지원단으로 선정하도록 했다.

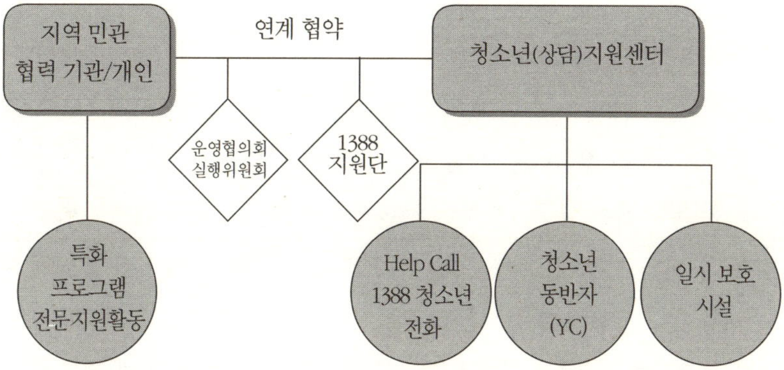

[그림 4-17] 지역 내 CYS-Net 추진 조직

4) 주요 사업

(1) 사례 지원 과정

- 청소년 발굴 및 발견: 청소년들이 부모나 학교 외에 제3의 기관에 의해 의뢰될 때까지 기다리는 것이 아니라 위기 상황에 있으면서도 적절한 도움을 받지 못하고 있는 청소년들을 보다 적극적으로 찾아내어 필요한 도움을 능동적으로 제공한다.
- Help Call 1388 청소년전화를 통해 접수된 사례 중 심도 있는 위기 개입 서비스가 필요한 위기청소년을 의뢰한다. 지역 내 발견 네트워크로 1388 청소년지원단, CYS-Net 연계 등을 통해 서비스를 이용할 수 있도록 한다. 이때 사례관리는 청소년(상담)지원센터와 의뢰 기관에서 협의하여 주 사례관리자를 담당하도록 한다.

① 사례 접수 및 평가

상담센터의 Help Call 1388 청소년전화 상담자나 접수자는 사례를 접수하는 동시에 사례 개입의 긴급성을 평가한다. 자체 사례 평가 회의와 더불어 포괄적 지원이 필요한 경우에는 지역 사례판정위원회의 심의를 거쳐 특별 지원을 제공받을 수 있도록 외부 사례 평가 회의를 거친다.

② 서비스 지원 및 개입

- 일반 상담: 위기청소년이 처해 있는 상황이 교육이나 심리 상담 지원만을 필요로 하는 경우에는 상담센터의 자체 사례판정 결과에 따라 사례관리자가 배정되어 사례관리자에 의한 상담서비스가 제공되도록 한다.
- 위기 상담: 의뢰된 청소년이 심리 교육은 물론 심리 상담을 포함해 학비 지원이나 생활 지원 등 포괄적 지원이 필요한 경우에는 지역 사례판정위원회의 심의를 거쳐 특별 지원을 제공받을 수 있도록 한다.
- 긴급 개입: 긴급 구조가 필요한 청소년의 경우 사례 접수자는 긴급 상황에 따라 경찰이나 119 긴급 구조대의 협조 필요성 여부를 판단하고, 필요한 경우에는 이들의 지원을 받아 긴급 구조 활동을 한다.
- 지역사회 기관 연계: 학비 지원, 의료비 지원, 법률 지원 등 청소년(상담)지원센터에서 지원하지 않는 서비스를 지역 내 타 기관들과의 연계를 통해 가능한 한 지원한다.

③ 종결 및 추수 관리

지원을 종료한 후 6개월 동안 13개월 단위로 정기적인 추후 지도를 실시하여 가정이 1차 안전망으로서의 기능을 유지하고 있는지를 확인하는 과정이다. 면접이나 전화, 메일 등의 방법을 활용한다.

(2) 사례 지원 내용

- 긴급 구조 및 위기 개입
- 가출, 성매매, 근로권 침해 등 위기청소년 위기 개입 시스템 전국적 구축
- 긴급 구조 활동의 활성화 지원
- 긴급 구조 시스템 표준화 및 특성화 지원
- 자활 지원 및 연계 사업
- 자활 연계망 구축 및 연계 사업: 민간 직업전문학교 입학 연계 사업, 보호

시설 연계 협력 사업, 전국 자활 사업 담당자 연합회의, 창업아이템 개발 지원 사업, 자활 전문위원 자문회의

- 자활 지원 프로그램: 직업 및 취업설계 프로그램(TOP), 학습클리닉 프로그램, 방문심리치료 집단상담 프로그램, 방문심리치료 프로그램 지도자 양성 교육, 방문심리치료 프로그램 지도자 보수 교육, 시 · 도/시 · 군 · 구 상담지원센터 및 연계 기관 방문 심리치료 프로그램 실시, 청소년직업체험 프로그램(Job School), 인턴십 프로그램 "SK와 함께하는 행복날개 프로그램"
- 청소년 동반자(YC) 사업: 청소년 동반자 프로그램 관련 회의 개최, 청소년 박람회 등 지역 행사, 책자 및 홍보물 발간, 청소년 동반자 수혜 청소년 문화 향수권 함양 사업

(3) 사례 지원 실적 관리

- 종합정보시스템 개편 구축 및 운영
- 센터별 업무 특성 및 사용 편의성 증진을 위한 기능 강화
- 메시지 관리 기능
- 지식 공유 데이터베이스 지원
- 문서 수발신 시스템
- CYS-Net, 위기, 자활, 종합 정보망 지원 시스템 개발
- 사업별 업무 보고, 실적 보고 시스템
- 행사 및 교육 참여 신청 관리 시스템
- 설문 활용 시스템
- 통합 검색 시스템 개발

5) 재정

예산은 대응자금(matching fund) 형식으로 조성되며(국가 50%, 시 · 도/시 · 군 · 구 50%), 2007년도 예산은 62억 원 규모이다. 그중 국비 및 지방비가 공히

31억 원으로 예산 내역은 인건비, 사업비 및 경상비(긴급 구조, 교육 · 자활 프로그램 운영, 치료 사업, Help Call 1388 청소년전화 운영, 지역 네트워크 구축 운영 등)이다.

6) 평가 및 시사점

CYS-Net에 대한 당시 국가청소년위원회의 자체 평가(2006)를 요약하면 다음과 같다. 우선 서비스 이용자 만족도 조사 결과, 서비스 이용자인 청소년과 학부모는 5점 척도로 구성된 문항에서 청소년 종합 만족도는 4.25점, 학부모는 4.44점으로 대체로 만족하고 있는 것으로 나타났다. 한편 상담자 3.39점, 연계 기관 종사자 3.23점으로 서비스 제공자인 상담자와 연계 기관 종사자의 만족도는 상대적으로 낮았다. 이는 제공된 서비스(결과)에 대한 만족 여부만 응답한 이용자 그룹과는 달리 서비스 제공자 그룹은 전체 지원 과정의 흐름 안에서 성과를 지각하고 반응하였기 때문인 것으로 분석된다.

대상별로 만족도에 영향을 미치는 차원별 만족도 지표도 다르게 나타났다. 청소년들의 전반적 만족도에 가장 큰 영향을 미치는 지표는 서비스의 적절성으로 나타난 반면, 학부모들의 전반적 만족도에 가장 큰 영향을 미치는 지표는 상담자의 전문성으로 나타났다. CYS-Net 서비스를 제공하는 각 기관의 실무자들이 청소년들의 요구에 보다 민감해져야 할 필요가 있으며, 동시에 학부모들에게는 상담자가 전문가 입장에서 자녀의 상태에 대한 구체적인 이해를 제공해야 할 필요가 있음을 알 수 있다. 한편 상담자와 연계 기관 종사자의 경우 서비스의 체계화와 연계 만족도가 각각 가장 큰 영향을 미치는 것으로 나타났는데, 상담자들은 청소년(상담)지원센터가 CYS-Net의 허브 기관으로서 제 역할을 다 할 수 있기를 원하는 반면, 연계 기관 종사자들은 CYS-Net에 참여하는 기관들 사이의 대등한 관계와 원활한 의사소통을 중시하고 있기 때문이었다.

CYS-Net에 대한 컨설팅 결과 전반적으로 청소년(상담)지원센터의 역할이 강화되었으며, 위기청소년 대상의 지원 사업의 중요성이 인식되었다. 그러나 예산 및 인력 확보의 문제점으로 재정 자립도가 낮거나 청소년통합추진체계 확립에 대한 인식이 낮은 지자체인 경우, 지방비 예산이 확보되지 않아 사업을 하지 못하거나 사업 시작 시점이 늦어져 실질적인 추진이 어려웠다. 센터 운영상의 문제점으로 시 · 도 청소년상담지원센터는 시 · 군 · 구 청소년지원센터가 기능할 수 있도록 컨설팅하고 지원 · 관리하는 기능 중심으로 변화되어야 한다는 점이 지적되었다.

또한 CYS-Net 조직 활용 측면에서 운영협의회, 실행위원회 위원을 위촉한 이후에 월례회 등을 통해 이들에 대한 업무 관리와 참여를 촉진시킬 수 있어야 한다는 것과 지원센터의 업무량이 조정되어야 한다는 것도 문제로 대두되었다. 사례관리 측면에서는 전문적이고 체계적인 사례 수퍼비전의 필요성 인식 정도가 높았고, 이를 위해 수퍼바이저 양성을 위한 교육의 요구도 높았다. 그리고 청소년 동반자(YC)와 센터 직원 간 연계 기관 발굴 및 아웃리치 등에 관한 업무 분장의 문제, 사례관리에 대한 사후 관리 문제 등도 제기되었다.

긴급 출동과 관련해서는 시 · 군 · 구 청소년지원센터인 경우, 일시 보호소 시설을 갖추고 있지 못한 경우가 많으므로 업무 지침을 현실화하고, 긴급 구조팀의 신분증 문제도 법적으로 보완할 필요가 있는 것으로 지적되었다. 자활 관련 문제로는 지역별 시스템 구축이 미비하다는 것이 지역별로 공통된 지적이었다. 사업 과정이 초기 단계여서 자활이나 연계를 위한 단계에 이르지 못한 수준이며 현재는 긴급 구조와 일시 보호 중심으로 사업이 이루어지고 있어 자활 단계에 대한 시스템 구축이 시급한 것으로 지적되었다.

기관 연계의 문제로, 위기청소년의 경우 가정 해체나 가정 불화 등으로 인해 가정에서 보호받을 수 없는 경우가 많아 지속적인 생활 보호와 지원이 필수적이어서 쉼터와의 연계가 중요한데, CYS-Net의 허브 기관인 청소년(상담)지원센터에 사례 발굴에서 지원 및 자활까지의 책임성이 있음에도 쉼터가 모든 사례관리를 자체적으로 주관하기를 원하기 때문에 연계에 현실적 어려움도 있다.

전반적으로 CYS-Net는 당초 계획대로 양적으로 확대되고 있지만 시행 초기인 만큼 각종 문제점들이 노출되고 있으며, 특히 서비스 제공자 입장에서는 아직 미흡한 점이 많은 것으로 인식되고 있다.

또한 일각에서 CYS-Net는 기존의 사업들, 즉 보건복지부의 희망스타트, 한국청소년진흥센터의 청소년종합정보시스템 등과 중복적이고 차별성이 적다는 비판의 목소리도 나오고 있다. 유사 네트워크 간 유기적 연계는 이루어지지 못하고 있으며, 일부 현장에서는 이들의 통합도 제기되고 있는 상황이다.

한편 정부 기능 통폐합에 따라 사업은 보건복지가족부로 이관(2008. 2)되어 지속되고 있으며, 특히 CYS-Net의 주요 단위 사업인 청소년 동반자(YC) 사업은 그 성과를 인정받아 더욱 확대할 계획(2007년 37개 시 · 군 · 구에서 2008년 64개 시 · 군 · 구로 확대)이다.

4. 아동보호전문기관의 네트워크 운영 실태

1) 목적

아동보호전문기관의 설치 목적은 학대와 방임으로부터 아동을 보호하여 아동의 권익을 증진시키고, 건강한 가정과 사회 속에서 아동이 행복하게 자랄 수 있도록 돕기 위함이다.

2) 추진 배경 및 경과

(1) 추진 배경

주로 가정 내에서 아동학대와 방임이 발생하는 원인은 피해아동이 미숙아 · 장애아 또는 기질적으로 양육하기 까다로운 아동 · 비행 등의 문제 행동이 있는 아동인 경우, 부부 관계 불화 · 고부 간의 갈등 · 질병 · 어린 시절의 학대 경험 등 부모 자신에게 문제가 있는 경우, 체벌을 훈육의 일환으로 용인하는 경우, 실직 · 빈곤 등의 사회 환경으로부터 영향을 받는 경우 등 여러 가지 요인들이 복합적으로 작용한다고 보는 생태체계학적 발생 이론이 우세하다.

이렇듯 다양한 이유로 발생하는 아동학대 및 방임은 적절한 개입을 통하여 문제 원인을 해결해야 학대 재발생을 예방할 수 있고, 피해아동이 가정에서 계속적인 양육을 받을 수 있게 된다. 또한 학대가 발생할 수 있는 여러 가지 원인에 대한 조기 개입으로 발생 자체를 예방할 수도 있다.

학대와 방임 발생 가정이 안고 있는 문제의 원인 제거나 감소를 1차 서비스 기관이 전적으로 감당할 수는 없는 일이므로 지역사회 관련 기관들과의 협력을 통하여 문제 해결을 시도하여야 한다.

전체 아동의 36.5%가 방임 상태에 있고, 아동학대 행위자의 83.5%가 아동을 양육할 책임이 있는 부모이며, 65.5%의 아동이 학대나 방임이 발생한 원가정에서 계속 보호되고, 전체 학대의 9.7%가 재신고되었다는 통계는 지역사회 내에서 부모에 의한 아동학대가 발생하는 가족을 지지하여 학대가 재발생하지 않도록 통합적으로 사례를 관리해야 함을 보여 준다.

(2) 경과

2000년 1월 12일 공표된 개정 「아동복지법」에 의해 아동학대 개념이 명확해졌고 긴급 전화 및 아동보호전문기관 설치 근거 등의 법적 규정이 마련되었다. 2000년 10월부터는 전국 16개 시 · 도에 17개소의 지방아동보호전문기관을 설치하고 아동학대 신고 전화(국번 없이 1391)를 운영하고 있다.

2001년 10월에는 아동보호전문기관의 아동 보호 업무와 정부의 아동학대 예방 정책 수립을 지원하기 위하여 중앙아동보호전문기관이 설치되었다. 2003년 4월에는 경기도와 강원도에 2개소의 시 · 도 지방아동보호전문기관이 추가 설치되었고, 2004년에는 시 · 군 · 구 차원의 18개소 지역아동보호전문기관이 문을 열었다. 현재 전국적으로 중앙과 19개소의 지방아동보호전문기관 및 24개소의 지역아동보호전문기관이 아동 보호 업무를 맡고 있다.

2007년 1월부터 1391은 보건복지콜센터 129와 통폐합되었고, 아동보호전문기관이 아동상담 전용전화 1577-1391을 운영하면서 129와 1577-1391을 통하여 보고되는 아동학대와 방임 피해아동 및 그 가족에 대한 1차적인 서비스 업무를 담당하고 있다.

3) 참여 기관 및 네트워크체계

이미 발생한 학대와 방임 피해아동에 대한 서비스를 중심으로 네트워크 상황을 살펴보면 다음과 같다.

피해아동이 발견되고 아동보호전문기관에 신고가 접수되면, 담당 상담원이 현장에 대한 조사를 실시하고 주변인을 통해 수집한 정보를 바탕으로 스크리닝 척도를 이용하여 학대 진위 여부를 판단하게 된다. 아동보호전문기관은 학대와 방임으로 판정된 피해아동과 그 가정이 당면하고 있는 다양한 문제 해결을 위해서 지역사회 여러 관련 기관들과 협력체계를 구축, 피해아동과 그 가족의 욕구를 사정하고 위험 사정 척도를 활용한 학대의 위험도에 따라 적합한 서비스를 연계하게 된다. 신고 접수 단계에서부터 초기 대응 및 사례관리에 이르기까지 아동보호전문기관에서는 피해아동과 가족을 효과적으로 지원하기 위하여 사법 기관, 의료 기관, 교육 기관, 행정 기관, 사회복지 기관, 민간 및 확대가족과의 통합적인 접근이 이루어지도록 노력하게 된다.

아동학대와 방임을 조기에 예방하고, 발견된 피해아동이 또 다시 학대 상황에 놓이지 않도록 돕기 위해서는 상기와 같은 관련 체계들로부터의 다양한 업무 협조가 필요하다. 아동보호전문기관은 학대와 방임 피해아동의 대변자 역할을 감당하게 되므로 관련 기관들과의 네트워크에 있어서 구심점 역할을 하게 된다. 사례 개입 진행 과정에 있어서 필요시 관련 기관의 실무자 회의를 소집하고 아동 처우나 서비스 지원을 위한 적절한 방향을 함께 논의하기도 한다.

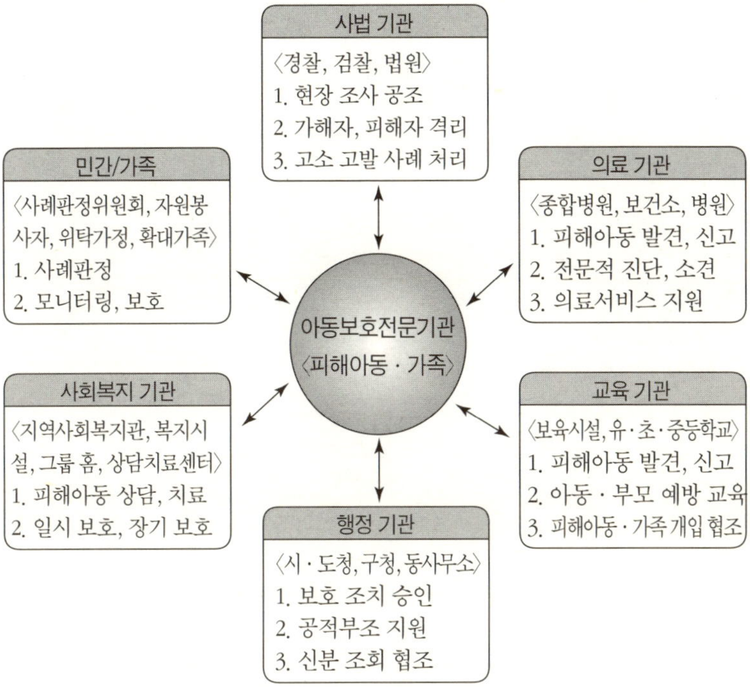

[그림 4-18] 통합적 접근을 위한 아동보호전문기관의 네트워크체계도

표 4-4 아동보호전문기관 협력 기관의 역할

구 분	업 무
사법 기관	〈사법 경찰〉 • 아동보호전문기관과 아동학대 사례 개입을 위한 협력체계 구축 • 112에 신고된 아동학대 사례를 아동보호전문기관에 의뢰 • 아동보호전문기관에 접수된 신고 사례에 대해 현장조사 시 동행 협조 • 아동학대 행위자의 형사 재판을 요하는 사례에 대한 수사 전담 • 응급조치를 요하는 아동학대 사례를 일시 보호 시설 또는 의료 기관에 조치 의뢰 • 아동보호전문기관으로부터 의뢰 받은 사례에 대한 현장조사 및 조사 이후 현장조사서 사본 송부(관할 아동보호전문기관) 등 〈법률 기관〉 • '아동의 최선의 이익 우선 원칙' 에 따른 사법적 소송 진행 • 피해아동의 법률적 보호 및 학대 행위자에 대한 보호 처분 등에 대해 아동보호전문기관과의 긴밀한 협조 • 아동학대 행위자의 처벌 및 보호 처분을 포함한 판정, 친권의 상실 또는 친권의 일시 정지 선고, 후견인의 지정, 부모로부터의 아동의 격리, 학대 행위자에 대한 구상권 청구 등

의료 기관	• 의료 행위 시 학대가 의심되는 아동을 아동보호전문기관에 신고 • 의료체계 내에 소아과, 소아정신과, 외과, 내과, 산부인과, 의료사회복지사 등으로 구성된 피해아동 보호팀을 구성 · 운영하며, 아동학대로 의심되는 아동에게 종합적인 의료서비스 제공 • 아동학대 판정을 위한 의학적 진단, 소견 및 증언 진술
교육 기관	• 아동학대 사례 조기 발견, 아동보호전문기관 또는 경찰에 신고 • 피해아동과 부모에 대한 치료적 개입 및 협조 • 피해아동의 학교생활, 가족력 등 관련 자료 제공 • 피해아동에 대한 학교사회복지서비스 제공 • 아동학대 행위자의 예방, 치료 계획을 위한 지원 • 아동학대 예방을 위한 교과 과정의 포함 등 교육 지원 • 초 · 중 · 고 교과 과정 포함 및 교육을 통한 예방 및 홍보 • 부모 교육 프로그램 실시 • 부모로부터 분리된 피해아동의 보호 • 피해아동의 입학, 전학 등의 신속한 조치와 편의 도모 • 아동학대 행위자로부터 아동보호를 위한 아동 관련 정보 비밀 유지
행정 기관	〈보건복지부〉 • 관련 법, 정책 및 제도 마련 • 관계 중앙행정기관과의 협력체계 구축 〈시 · 도 및 시 · 군 · 구〉 • 「아동복지법」 제10조에 의한 보호 조치 실시 • 학대 발생 가정에 대한 정보 제공 • 기초생활보장급여 또는 의료급여 등 필요한 보호 및 양육 조치
민간 기관	〈아동학대 사례판정위원회〉 • 아동학대 사례로 판정하기 모호하고, 자체 사례 회의에서 판단이 어려운 사례에 대한 판정 • 부모가 이의를 제기하는 사례에 대한 판정 • 시 · 도지사, 시장 · 군수 · 구청장이 의뢰하는 사례에 대한 판정 • 아동학대 사례에 대한 개입 및 처리 방향에 대한 논의 및 조언 • 기타 아동보호전문기관장이 필요하다고 판단되는 사례에 대한 논의

* 출처 : 보건복지부(2007). 아동복지사업안내 및 아동학대예방센터 업무 수행 지침.

4) 주요 사업

「아동복지법」 제23조 및 제25조에 의한 아동보호전문기관의 설치 목적은 학대와 방임으로 고통을 받는 아동에 대한 신고 접수와 이에 대한 현장 조사를 통한 초기 대응, 서비스 지원 및 연계와 예방 활동으로 규정되어 있다.

사례 개입 과정에서 정형화된 네트워크 프로그램이 별도로 구성되어 있지는 않지만, 다음의 그림과 같이 업무 진행 단계에 따라 네트워크 기관들과 업무 연계를 하고 있다.

① 신고 접수 단계

신고 접수처에 대한 정확한 정보와 상호 원활한 의사소통이 필요한 비교적 단순한 네트워크라고 할 수 있다. 「아동복지법」 제26조에 의한 교사, 의료인, 복지시설 종사자, 관련 공무원, 119 소방대원 등 신고의무자 및 일반 국민들로부터 아동상담 전용 전화 1577-1391, 보건복지콜센터 129, 경찰서 112 등으로부터 주로 전화에 의한 신고 또는 직접 내방 상담을 통하여 학대 상황이 전달된다. 이에 해당하는 기관들은 [그림 4-19]의 의료 기관, 교육 기관, 사회복지 기관 및 행정 기관이다. 중앙아동보호전문기관의 요청에 의하여 대한의협 국민의향지식향상위원회 산하에 아동학대예방전문위원회가 구성되었고, 63개소 종합병원 내에 학대아동보호팀이 결성되었다. 지방 및 지역아동보호전문기관은 학대아동보호팀 또는 개별적으로 업무 협약을 체결한 지역 병원을 통하여 피해아동에 대한 발견 및 치료 지원을 받고 있다.

학교 내 폭력 예방(학생 대 학생, 교사 대 학생)을 위한 협력체계 구축을 추진 중이며, 보건복지가족부와 교육과학기술부 차원에서는 예방적 개입을 함께 하기로 확정하였으나 일선에서는 아직 진행이 부진한 상황이다.

② 초기 대응 단계

[그림 4-19] 중 경찰, 검찰 및 법원인 사법 기관, 병원, 보건소, 정신보건센터 등의 의료 기관, 일선 행정 기관, 민간 전문가 그룹인 사례판정위원회와 사회복지 기관인 일시 보호 시설과 그룹 홈이 해당한다. 초기 대응 단계에서는 보호자로부터 아동을 긴급하게 분리 보호하거나 치료적 개입을 위해 행정 기관, 사법 기관, 의료 기관과의 연계가 긴밀하게 이루어져야 한다. 3일 이내에는

아동보호전문기관에서 운영하는 일시 보호 시설 또는 그룹 홈에서 응급 분리 보호가 가능하나, 3일 이상의 격리 보호 또는 입원 치료가 필요한 경우 「아동복지법」 제10조 아동보호조치 조항에 근거하여 시 · 도지사, 시장 · 군수 · 구청장에게 가정위탁, 시설 보호, 치료 기관 의뢰 등을 요청하게 되어 있다.

또한 지역사회 아동 관련 학과 교수, 사회복지학과 교수, 의료인, 경찰 등

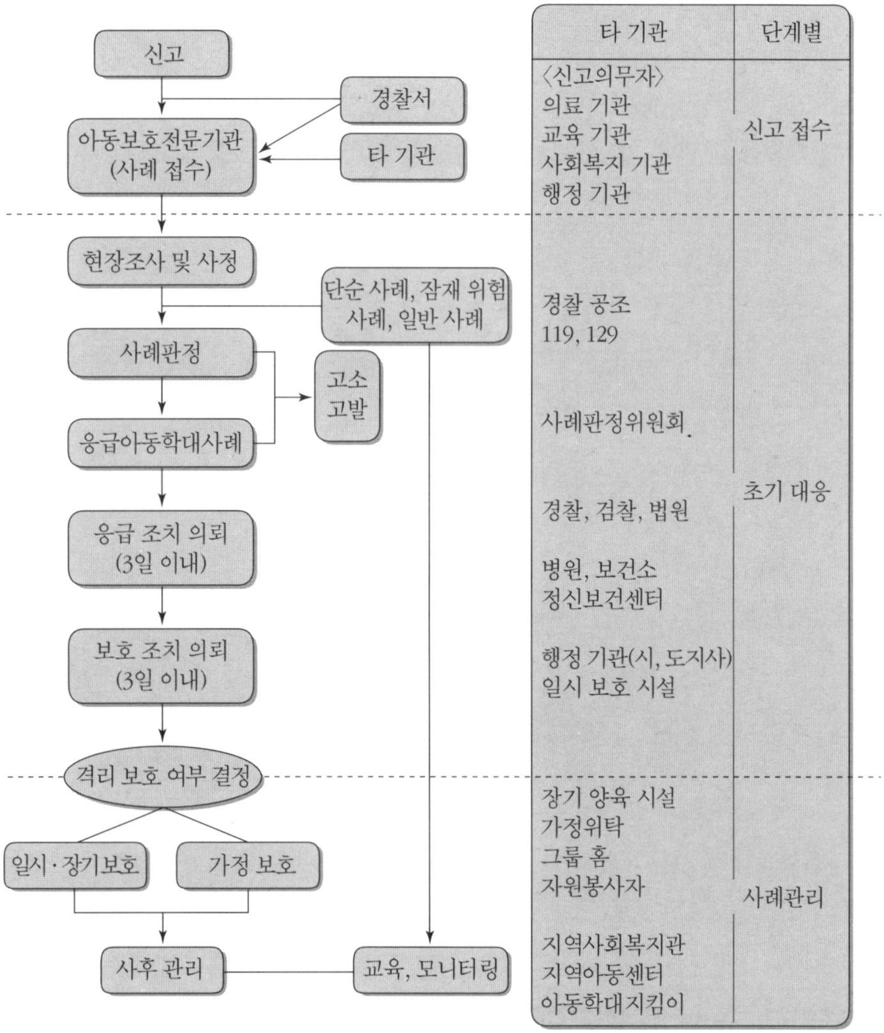

[그림 4-19] 아동보호전문기관의 업무진행 단계별 네트워크 기관

사법 기관, 행정 기관, 교육 기관 관계자 등 8인 이상의 아동학대 사례판정위원회가 구성되어 사례판정과 아동의 처우 결정에 지원을 받고 있다.

③ 사례관리 단계

장기 양육 시설, 가정위탁지원센터, 그룹 홈, 자원봉사자, 지역사회복지관, 지역아동센터, 아동 상담치료 전문 시설, 가족상담실, 건강가정지원센터 등과의 네트워크가 필요하다. 동 양육 시설에 장기 격리 보호되는 경우는 사례 종결 처리하며, 원가정 보호 사례에 대한 지역 내 유관 기관 부족(소아정신과, 사회복지관, 비행청소년 치료 시설, 가족상담 기관)과 네트워킹 부족으로 사례관리에 어려움을 겪고 있다.

전체적으로 지역사회 내에 있는 관련 기관들과 업무 협조를 위한 협약을 체결하고 있으나 네트워킹이 상설화되어 있지 않고, 협약을 맺은 기관으로부터 개별적인 업무 지원을 받는 데 그치고 있어 개별 사례별로 해당 기관의 업무 협조를 요청하는 노력이 가중되고 있고, 통합적인 사례관리가 되지 않고 있다고 할 수 있다.

5) 재정

아동보호전문기관은 정형화된 네트워크 프로그램을 운영하고 있지 않기 때문에 네트워크를 위한 별도의 예산이 책정되어 있지 않다.

「아동복지법」 제31조 제4호에 근거한 아동보호전문기관 운영 예산 지원은 중앙아동보호전문기관은 국비 지원이며, 지방 · 지역 아동보호전문기관은 지자체에서 예산을 책정하고 있다. 중앙아동보호전문기관의 경우는 11명의 인건비와 관리운영비를, 지방아동보호전문기관은 8～10명 상담원의 인건비, 관리 운영비, 현장조사비 등을, 지역아동보호전문기관은 5～7명의 인건비와 관리 운영비가 지원되고 있다.

보건복지가족부에서는 중앙아동보호전문기관의 예산을 기본적인 예산가이

드라인으로 시 · 도에 제시하고 있으나 지자체의 재정 자립도에 따라 지원하는 금액에 많은 차이가 있다.

6) 평가 및 시사점

아동보호전문기관은 공적인 1차 서비스 기관으로서 아동학대 및 방임 피해아동이 보고되면서 작동하는 아동보호서비스 시스템이다. 이 사업 자체가 정례화된 네트워크 사업이 아니므로 발견되는 사례의 성격과 가족 사정에 근거하여 협력이 필요한 기관이 결정된다. 학대 발생 가정의 위험 수준에 따라 개입 진행 방향과 서비스 내용을 결정하고, 또한 개입 단계별로 네트워크가 필요한 기관이 달라진다.

신고 접수 단계에서는 신고의무자로 규정된 기관들이 자신의 법적 의무를 잘 준수할 수 있도록 발견을 위한 지침과 신고절차 등에 대해 교육을 실시하고 상호 간 원활한 의사소통 경로를 확보하게 되면 별 문제는 없다.

초기 대응 단계에서는 민간 전문가로 구성된 아동학대 사례판정위원회의 활동과 응급한 사례의 경우 관련 의료 기관, 행정 기관, 사회복지 기관, 사법기관들과 공동 대응을 위한 긴급회의를 소집하는 등 사안에 따라 임시적인 네트워크가 구성되고 있다.

현재 상설 네트워크체계의 도입이 필요한 부분이 사례관리 단계이다. 아동학대 사례의 36.5%가 방임으로, 34.4%가 초기부터 원가정에서 아동이 격리보호되고, 65.5%는 원가정에 그대로 남아 있게 된다. 격리 보호되는 경우는 그룹 홈이나 시설 내에서 관련 서비스 기관의 지원을 받을 수 있도록 배려된다. 그러나 무엇보다 격리된 아동의 가족 재통합과 원가정에서 보호되는 아동들의 재학대 발생 방지를 위하여 서비스 지원체계와의 연계가 필요하다. 통합적 접근을 위한 지역사회 내 네트워크 시스템 허술과 필요한 서비스 실시 기관 부족으로 인해 적절한 서비스를 연결하지 못하고 있다.

아동보호전문기관에서의 서비스 우선순위는 피해아동의 안전 확보에 있으며, 서비스 지원을 위한 개입 전략과 협력이 필요한 범위는 각 가정이 처해 있는 상황에 따라서 결정된다.

복지서비스 지원에 있어서 네트워크가 중요한 부분은 피해아동의 후유증 치료와 가족의 기능 회복을 위한 지역 내 사회복지 기관들과의 서비스 연계라고 할 수 있다. 그러나 〈표 4-4〉에서 보았듯이 아동학대 예방을 위한 협력체계의 역할 중에서 아동학대 및 방임 발생 가정에 대한 2차적, 3차적 서비스 실시 주체인 사회복지 기관들과의 공식적인 업무 협조 방안이 마련되어 있지 않다. 현재로서는 각 아동보호전문기관이 지역사회 내에 있는 사회복지 기관들과 개별적으로 업무 협약을 체결하고 서비스 연계를 하고 있는 실정이다.

또한 정부가 주도하는 네트워크에 참여하여 관련 기관들과 업무 연계를 부분적으로 진행하고 있다. 현재 우리나라에서는 보건복지가족부가 주관하는 지역복지협의체와 행정자치부 주도의 주민통합서비스 민관협의체가 운영되고 있다. 2개의 다른 정부 부처에서 네트워크 시스템을 주도하고 있으나 현장에서는 거의 동일한 기관이 각 네트워크에 참여하고 있는 실정이다. 아동보호전문기관에서는 아동복지 또는 청소년복지 및 가족복지 분과에 참여하면서 관련 기관들로부터 업무 협조를 구하고 있다.

정부 주도 네트워크 운영에 있어서 현 제도의 문제점은 전담공무원 없이 관련 공무원이 추가적으로 업무를 담당하고 있어서 네트워크 운영이 원활하지 않고, 관련 기관은 동시에 두 가지 네트워크로부터 잦은 회의에 소집되고 있다는 점이다. 네트워크가 잘 운영되기 위해서는 상설 코디네이터가 배치되어 있어야 하며, 그가 사회복지서비스 전달체계와 관련 기관들의 특성에 관한 지식을 갖추고 있어야 한다는 지적이 나오고 있다. 따라서 사례관리 단계에서 통합적 사례 개입이 가능하도록 상설 네트워크체계의 도입과 관련 기관 간의 업무 협조 및 지원을 위한 공통 업무 지침이 마련되어야 한다.

아동보호전문기관인 경우에는 미국 워싱턴주의 각 구에 설치되어 있는 지역협의체(community collaborative)[2]와 같이 사례관리를 위한 상설 네트워크

2) 이 책의 제5장 제2절에서 다루고 있다.

체계가 좋은 모델이 된다. 더불어서 서비스 연계 기관 자체가 부족한 농산어촌의 네트워크체계에서는 서비스를 직접 제공할 수 있는 방안이 강구되어야 한다.

5. 사회복지공동모금회 지원 지역네트워크 구축 사업 운영 실태

1) 목적

사회복지공동모금회(이하 '모금회')에서는 최근 단위 프로그램 지원의 한계를 넘어 지역사회의 근본적인 문제 해결과 함께 모금회 자체의 혁신을 위해 네트워크 사업을 집중적으로 지원하기 시작했다.

그중 아동 · 청소년 분야의 대표적 지원 사업으로 중앙회의 노원희망네트워크, 부산복지전화네트워크가 있으며 서울모금회의 강서푸른이학교 운영 네트워크를 들 수 있다. 중앙회는 2006년 테마 기획 사업의 하나로, 서울모금회는 지역사회 변화(community impact) 사업의 일환으로 지원을 시작했다.

공동모금회의 2006년 테마 사업 공고에 나타나 있는 취지 및 목적은 "지역사회 내 서비스의 중복 및 누락 방지를 통하여 복지서비스의 효과성을 도모하고, 지역사회(시 · 군 · 구 단위) 내 복지 관련 서비스를 제공하는 기관 단체들 간 네트워크를 구축, 협력을 통하여 해결할 수 있는 지역사회 우선 해결 과제를 선정하고, 해당 문제 해결을 위한 공동 사업 계획 수행" 이다.[3)]

3) 공모 시의 구체적인 공고 내용은 다음과 같다.

- 사업 개요: 지역사회(시 · 군 · 구 단위) 유관 기관 컨소시엄을 대상으로 공동 사업을 실시, 지역사회 내 사회 문제를 해결하고 지역사회 네트워크 구축 매뉴얼을 개발하여 지역사회 네트워크 강화 모델 개발.
- 세부 내용: 지역사회 내 복지서비스 관련 기관 단체 간 협력을 통해 해결해야 하는 공동 사업 주제(자유 선택) 지역 활동가 교육, 지역 실태 조사, 서비스 조정 및 협력을 위한 사업 관리 방안, 공동 사업 실행 계획, 매뉴얼 개발 등의 내용 포함.

이들 3개의 네트워크 사업별 세부 목표는 다음과 같다.

첫째, 노원희망네트워크의 경우 빈곤아동·청소년의 건강한 성장, 가족건강성, 지역사회 공동체 활성화를 지원함으로써 아동·청소년의 건강한 성장을 지원하고 사업 추진 기관 네트워크 구축 및 활동, 자원 기관 네트워크 구축 및 활동, 지역사회 주민 및 아동·청소년 네트워크 구축 및 활동으로 지역사회 네트워크를 구축하고 활동을 전개한다.

둘째, 부산복지전화네트워크는 지역사회 실태 조사와 지역 복지 인프라 구축 및 매뉴얼 개발, 사례관리 시스템 및 서비스 추적 시스템을 구축함으로써 지역복지 네트워크를 운영하고 정착시킨다.

셋째, 강서푸른이학교는 강서 지역 아동·청소년의 삶의 질 변화를 창출하고 지역 특성에 맞춘 차별화된 교육 환경의 마련, 재능과 잠재력을 극대화할 수 있는 기회를 제공하며 건강한 문화 환경을 조성하여 삶의 질 변화를 위한 지원체계 및 통합 지원 연계망을 구축한다.

2) 추진 배경 및 경과

(1) 노원희망네트워크

노원구는 서울시 영구임대아파트의 25%가 밀집되어 있고 빈곤아동들의 영양 섭취, 신체적 발육과 건강, 정신 건강, 부양자와의 관계 및 양육 활동, 친구관계, 비행 행동 등 성장 환경이 열악한 지역이다. 따라서 서울에서 복지 수요가 가장 높아 서비스 중복이나 누락 방지를 위해 단편화된 서비스나 프로그램 제공 방식이 아닌 통합 사례관리 방법의 활용이 필요하였다.

이 지역은 전문 복지 기관 62개소, 시민단체 20여 개 및 25개 단체로 구성된 노원아동·청소년 네트워크, 자영업자 후원모임인 아름다운 이웃 등의 네트

- 지원 내용: 최대 연간 3억원 한도 내(3년 지원한도 9억 원). 단 2개 시·군·구 이상 신청 등 지역사회 범위 및 해당사업 규모에 따라 지원 한도액이 초과될 수 있음.
- 사업 기간: 3년(2006년 11월~2009년 10월).

워크 자원과 영구임대주택주민조직화사업 및 교육복지사업 등에서 다양한 복지 추진 기관 단체 및 자원 조직이 있으며 공동 사업 경험도 풍부하다. 이를 기반으로 서비스 중복 및 누락 방지를 위한 안정된 복지 공급체계로서 지역사회 기관 자원 주민 조직 네트워크를 지역별, 기능별, 분야별로 전체 노원 지역을 아우르는 통합 네트워크체계를 구축하고자 하였다.

2007년 3월에 네트워크 사업 추진 기관과 자원 기관에 대한 설명회를 시작으로 4월 10일 노원희망네트워크 출범식 및 워크숍을 가졌다.

(2) 부산복지전화네트워크

부산광역시 북구와 사상구는 전국적으로 국민기초생활수급자가 가장 많이 몰려 있는 지역이면서 부산 지역에서도 요보호대상자가 가장 많이 밀집되어 문제가 많은 곳이다. 최근 화명 신도시, 만덕 지역 택지 개발 등으로 인구가 계속적으로 유입되어 새로운 문화권이 형성되고 있기는 하지만, 신도시 개발 지역과 기존 주택 지역 간의 빈부격차나 문화적 이질성 때문에 영구임대아파트 지역을 중심으로 저소득층의 빈곤문화와 문제들은 쉽게 해결되지 않고 있다. 특히 영구임대아파트 지역 내에 형성된 빈곤문화, 학습 · 문화적 소외, 학교부적응으로 인해 이 지역의 아동 · 청소년들은 교육 기회 박탈, 결식 문제 등에 시달리고 있다. 즉, 이 지역의 아동 · 청소년은 개별적이고 단일한 문제보다는 또래집단, 가정, 학교, 지역사회 환경과 얽혀 있는 복합적인 문제 상황에 처해 있다.

북구와 사상구 지역에는 복합적인 문제 해결을 위한 다양한 서비스 조직들도 존재하고 있다. 예를 들어, 아동 · 청소년복지 관련 기관은 부산 전체 147개소인데 이 중 40개소(약 27%)가 북구와 사상구에 집중되어 있고, 향후 2~3년 내에 청소년 관련 기관 2개소가 개관을 준비하고 있을 정도로 다른 지역에서 찾아볼 수 없는 적극적인 개입 활동이 지역사회 내에서 이루어지고 있다. 또한 아동 · 청소년 문제의 심각성 때문에 부산 최초로 교육복지투자우선지역으로 선정되어 학교사회복지사가 활동하기도 하였다.

그러나 비록 다른 지역들에 비하여 다양한 개입 활동이 이루어지고는 있지만 서비스 통합 및 연계 노력이 부재하여 문제는 쉽게 해결되지 못하고 있다. 아동 · 청소년의 복합적인 문제를 해결할 수 있는 서비스 풀(pool)이 존재함에도 기관들이 독자적으로 제공하고 있는 서비스로만 접근하려고 하기 때문에 문제에 대해서 일시적이고 단편적인 해결책을 제시할 뿐, 궁극적인 해결에는 도움을 주지 못하고 있다. 그동안 서비스 연계 및 통합의 필요성에는 공감하고 있었지만 실제적으로 기관에서 개별서비스들을 제공하는 데도 급급한 것이 현실이다.

이 같은 문제 인식하에서 아동 · 청소년의 문제를 지역사회 자원 네트워크를 통해서 해결하고자 지역사회 내의 20개 기관들과 3차례의 회의, 기관 방문을 통한 실무자 개별 면담 등을 통해서 네트워크 사업을 준비하였다.

2007년 9월 현재 북구 사상구의 지역 복지 계획 수립 등 자료 분석을 통해 아동 · 청소년 문제를 확인하였으며 실제적인 욕구 조사를 통해 개입의 우선 순위를 찾는 데 주력하였다.

1차년도인 2007년에는 사례관리팀을 양성하는 것과 시범적인 사례관리 시스템 가동을 통한 매뉴얼 기초 자료의 확보, 아동 · 청소년 실태 조사, 정보 구축 요원의 활동을 통한 정보 DB 구축, 지역복지네트 전산정보망(홈페이지) 개발 및 시범 운영을 우선 사업으로 추진하고 있다.

(3) 강서푸른이학교 운영 네트워크

강서구는 서울시에서 네 번째로 인구가 많고, 화곡 지역과 가양동, 발산 지역의 저밀도 아파트 재건축 및 택지 개발 등으로 인구 유입이 점차 증가하고 있으며, 특히 영구임대아파트 단지의 밀집으로 인해 복지의 종합적인 수요가 높은 지역이라고 할 수 있다. 또한 이혼율이 증가하고 별거나 가출이 많아져 가족 해체가 심화되고 있는 상황이어서 향후로 지역의 빈곤아동이 더 늘어날 가능성이 높다. 특히 이 지역은 빈곤에서 오는 아동 · 청소년들의 결식과 사회적 · 정서적 문제인 학대, 방임, 가정 해체라는 중복 문제가 심각하게 대두되고 있는 지역이기도 하다.

강서구의 "지역사회복지 욕구 조사"에 의하면 양질의 저렴한 공교육 기반 확충, 종합적 아동정보센터 구축, 교육 복지 프로그램의 확충, 여가 활동 프로그램의 다양화와 시설 확충 등이 필요한 것으로 보고되고 있다.

이러한 문제들을 해결하기 위한 네트워크 사업은 강서구 아동 · 청소년의 건강한 성장을 위해서 강서구 내 복지 관련 서비스를 제공하는 기관 단체들 간에 협력체계를 구축하는 것이다. 이를 통해 강서 지역 아동 · 청소년의 삶의 질 변화를 창출하고, 참여 기관들 간의 지원체계를 구축하며, 공동의 과제를 수행함으로써 아동들의 공동 사례관리 시스템을 가동하여 서비스의 다양성과 전문성을 증진하고 더불어 지역의 자원을 개발 및 조직화하는 데 합의와 협력을 극대화하고자 하였다.

2006년 7월 서울모금회의 네트워크 사업 시범 사업으로 선정된 이후 지역사회복지협의체 내에 TF 구성 및 아동 · 청소년 실무 분과 위원을 추가 확정하고 지역사회복지 토론회와 지역복지실무협의체, 아동 · 청소년 분과 소속 기관 지정 공모사업 관련 회의를 거쳐 네트워크를 구성하였다. 사업 1차년도의 목표인 네트워크 기반 확립을 위한 지원체계 구축 및 지역 자원의 개발을 위해 2007년 9월 현재 네트워크 관리, 연구 기획 사업 홍보, 운영자문위원회 운영, 자원 조사, 온라인 구축, 자원 개발 사업, 주민 인식 교육 등이 실시되고 있다.

3) 참여 기관 및 네트워크체계

(1) 노원희망네트워크

지역 내 관련 서비스 제공 기관은 총 57개소가 있으나 네트워크에 참여한 기관은 26개이다. 네트워크는 지역사회복지관 8개소, 아동 · 청소년 관련 전문 기관 8개소, 지역의 단체 6개소, 지자체 2개소로 구성되어 있다. 사업의 심의와 논의를 위해 대표기관장, 각 협의체(아동 · 청소년 네트워크, 건강한 마을 만들기 협의회) 대표 및 사무국장으로 구성된 자문단 및 네트워크의 유지와 사업

| 표 4-5 | 노원희망네트워크 참여 기관

구분	기관수	기관명
네트워크	2	노원 아동 · 청소년 네트워크, 건강한 마을 만들기 협의회
지역사회 복지관	8	공릉종합사회복지관, 마들사회복지관, 북부종합사회복지관, 상계종합사회복지관, 서울시립노원노인복지관, 월계종합사회복지관, 중계종합사회복지관, 평화종합사회복지관
전문 기관	8	굿네이버스 서울동부지부, 노원청소년자활지원관, 노원청소년수련관, 월계가정복지센터, 중계평생학습관, 샛별지역아동센터, 엄마사랑지역아동센터, 서울노원정신보건센터
단체	6	노원나눔의집, 노원 놀이마당 사랑회, 장애우권익문제연구소 의료센터, 함께걸음 의료생활협동조합, 환경을 사랑하는 중랑천 사람들, 교육과 미래 교육복지재단
지자체 및 공공 기관	2	월계2동사무소, 하계1동사무소

확대를 위한 분과별 실무 지원단이 구성되어 있다.

이 사업의 궁극적 목적은 빈곤 아동 · 청소년의 건강한 성장을 돕고 지역사회 마을 공동체 복원을 위하여 전체 노원 지역을 대상으로 빈곤아동 · 청소년(기능적) 네트워크, 마을 만들기(지리적) 네트워크를 확산시켜 전체 노원 지역 통합(동 단위+대상자별+분야별) 네트워크체계를 구축하자는 데 있으며, 통합 서비스 구축을 위한 전체적인 체계는 [그림 4-20]과 같다.

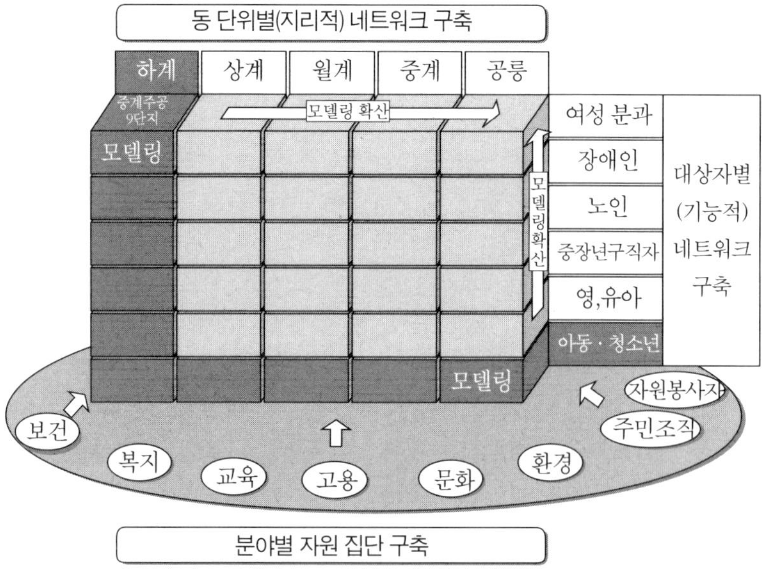

[그림 4-20] 노원 지역 통합서비스 구축체계

통합서비스체계 중 빈곤 아동 · 청소년 네트워크는 그 핵심이며 통합 사례관리를 기반으로 하고 있다([그림 4-21]).

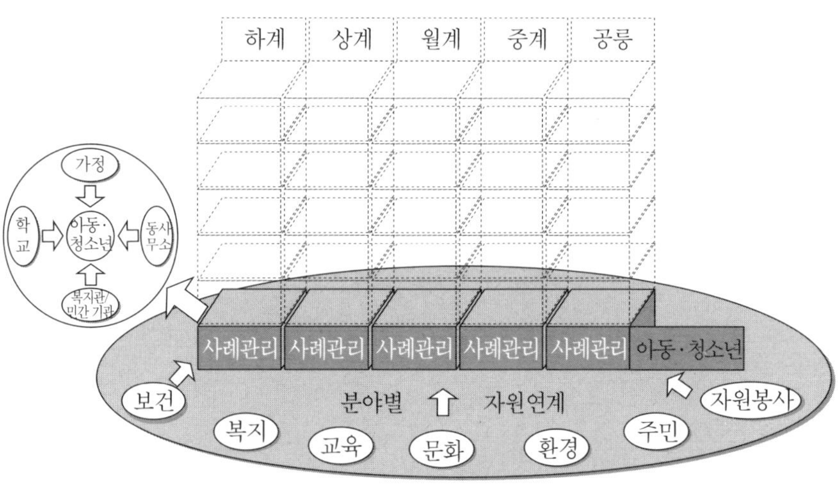

[그림 4-21] 노원희망네트워크의 아동 · 청소년 네트워크 구축 단면도

(2) 부산복지전화네트워크

지역 내 관련 서비스 제공 기관 총 75개소 중 22개 기관이 참여하고 있다. 지역사회복지관 12개소, 전문 기관 2개소, 지자체 3개소 등과 학교, 언론사, 기업 등으로 다양하게 구성되어 있다.

| 표 4-6 | 부산복지전화네트워크 참여 기관

구분	기관수	기관명
네트워크	1	부산복지전화네트워크
지역사회 복지관	12	공창종합사회복지관, 금곡종합사회복지관, 동원종합사회복지관, 화정종합사회복지, 남산정종합사회복지관, 덕천종합사회복지관, 장선종합사회복지관, 화명종합사회복지관, 모라종합사회복지관, 백양종합사회복지관, 사상구종합사회복지관, 학장종합사회복지관
전문 기관	2	부산광역시 청소년종합지원센터, 한부모가족 희망센터
단체	1	부산사회복지관협회
지자체 및 공공 기관	3	부산광역시 북구청, 부산광역시 사상구청, 부산광역시 북구교육청
학교	1	신라대학교 사회복지학과
언론사	1	부산일보사
기업	1	한진중공업

부산복지전화네트워크 참여 기관별 역할을 포함한 체계를 보면 지역 복지 네트워크를 중심으로 공공과 민간 서비스 기관, 언론, 학교 등 다양한 주체가 참여하여 각각의 특성에 맞는 역할을 분담하고 있다([그림 4-22]).

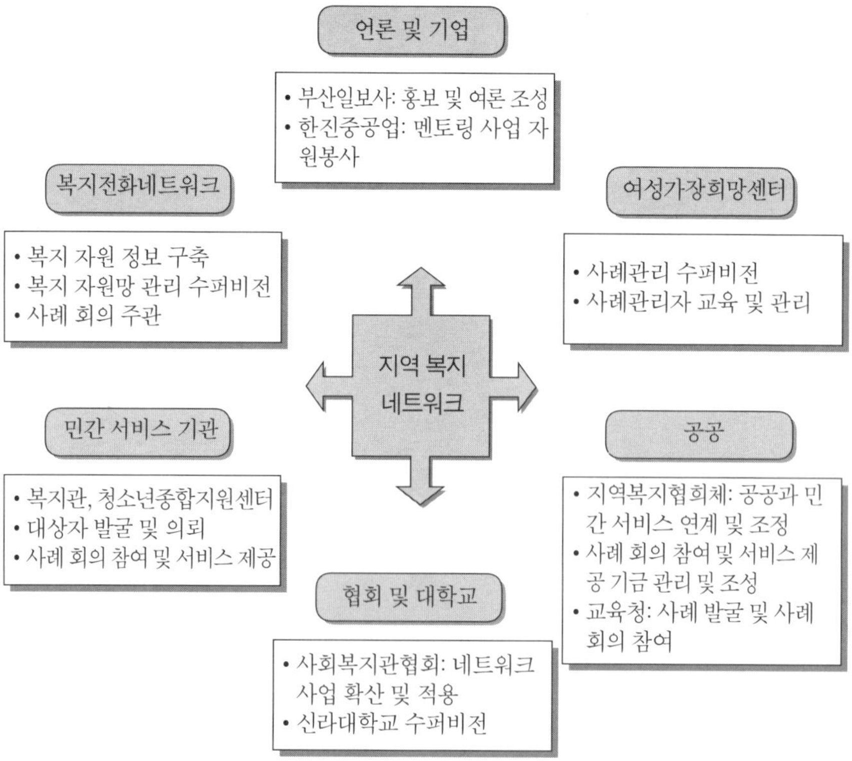

[그림 4-22] 부산복지전화네트워크 역할체계

(3) 강서푸른이학교 운영 네트워크

지역사회 내의 사회복지관, 전문 기관 등 총 6개 기관으로 네트워크를 구성하고 있으며, 이들을 종합적으로 운영하기 위한 사무국이 별도로 조직되어 있다. 또한 네트워크를 지원하기 위해 주민자치센터, 교육청, 보건소, 시민단체 등이 참여하고 있다.

표 4-7 강서푸른이학교 운영 네트워크 참여 기관

구분	기관수	기관명
지역사회 복지관	1	방화6종합사회복지관
전문 기관	5	강서청소년회관, 청소년자활후견기관, 지원보육원(강서아동복지센터), 굿네이버스 아동보호전문기관, 강서정신보건센터

강서푸른이학교 운영 네트워크체계는 참여 기관이 운영 지원 본부를 구성하고 별도의 사무국을 두어 푸른이 자치학교, 푸른이 Global School, 푸른이 평생학습 지원센터 등 단위 사업을 관리하고 있다([그림 4-23]).

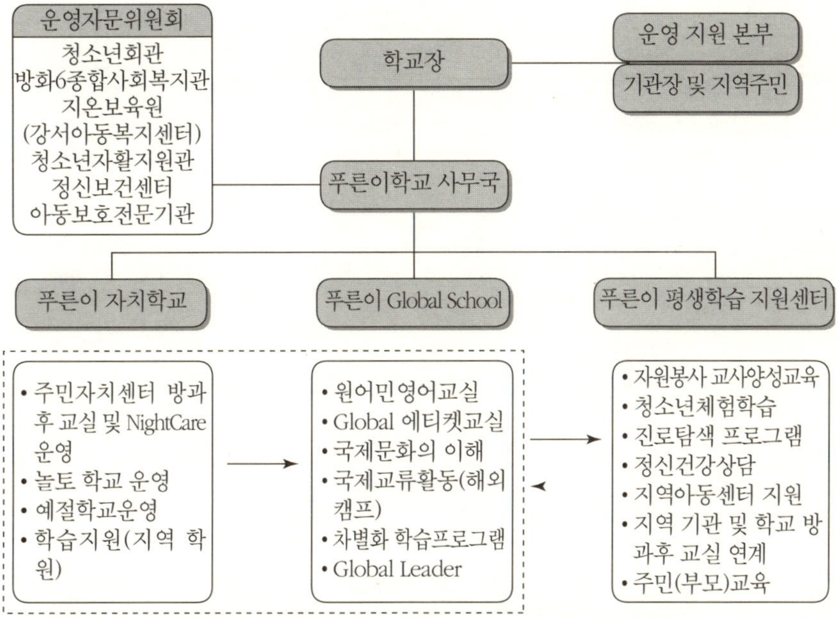

[그림 4-23] 강서푸른이학교 운영 네트워크체계

4) 주요 사업

(1) 노원희망네트워크

- 네트워크 구축: 추진 기관 네트워크 구축, 기관 자원 기관 네트워크 구축, 아동 · 청소년 및 지역주민 네트워크 구축, 네트워크 역량 강화 교육
- 사례관리 모형 및 시스템 개발 및 보급: 오프라인 통합 사례관리 모형 개발(3종 개인 가족 지역 네트워크 모형), 온라인 사례관리 시스템 개발, 온라인 센터 링크 프로그램 개발, 온라인 멘터링 프로그램 개발, 사례관리 및 온라인 시스템 보급

- 네트워크 활동: 통합 사례관리 운영 기반 조성 지원, 실태 조사(아동 · 청소년), 자원 조사, 자원 DB 구축(지역별 지도 제작), 긴급 사례 지원, 멘터링 사업, 사례관리, 네트워크 기관 간 교류, 센터 링크(사례 접수, 조정, 협의, 자원 접수 배분), 특화프로그램 선정 네트워크 품앗이 활동, 건강 마을 만들기(캠프, 마을 문고, 역할 교육), 주민 역량 강화(주민 대학, 주민 강좌)

(2) 부산복지전화네트워크

- 지역사회 실태 조사를 통하여 문제 확인 및 개입의 우선순위 확인: 지역 실태 조사, 학교 생활 조사
- 통합 사례관리 시스템에서 활동할 수 있는 사례관리팀 양성: 사례관리자 선정 및 교육
- 시범적인 사례관리 시스템 시행을 통한 매뉴얼 기초 자료 확보: 사례관리 서식 마련, 대상자 선정 홍보, 사례관리, 사례 회의, 중복 및 누락 서비스 조사
- 정보 구축 요원의 활동을 통해 북구 및 사상구 정보 DB 구축: 정보 구축 요원 채용, 기존 정보 업데이트, 누락 기관 정보 구축, 각종 사회단체 정보 구축, 기금 조성 자원봉사 연계체계 구축
- 지역 복지 네트워크 전산 정보망 개발 시범 운영: 전산 정보 프로그램 개발, 전산 정보 프로그램 시범 운영, 홈페이지 개발
- 서비스목록집(service index book) 제작: 사례관리 매뉴얼, 중복 및 누락 서비스 추적 매뉴얼, 정보 구축 매뉴얼 과정 기록
- 지역 복지 네트워크 운영 및 정착: 수퍼비전 네트워크, 사례관리, 지역 네트워크 지원 사업의 효과성 평가, 복지서비스 업데이트
- 지역 복지 네트워크에 대한 홍보와 사례 연계 모금
- 자원봉사 및 후원자 개발과 지역사회 조직 사업
- 지역 복지 네트워크 매뉴얼 교육 및 사용자 모임 상설화
- 노인 분야 등 타 분야로 네트워크 활동 확대

(3) 강서푸른이학교 네트워크

- 네트워크 운영 관리 시스템 구축 및 안정화
- 푸른이학교 사무국 설치 및 네트워크 기관 확대를 통한 연대 구축
- 사업 관련 실무자 교육 및 역량 강화 프로그램 실시
- 참여 기관의 수행 능력에 따른 영역 기준 분류와 네트워크 내에서의 기관 역할 정립
- 네트워크 운영 자문위원을 통한 사업의 효과성 증대
- 자원 조사 보고서 발간
- 효율적인 운영을 위한 온라인 네트워크 구축
- 모금 활동을 위한 참여 단체별 기초 작업
- 사업에 대한 캠페인 및 주민 인식 교육 실시
- 평생학습지원센터 운영과 향후 독립법인 추진
- 네트워크 기관의 기능별 특성화 사업 진행, 인적 자원 개발 및 보호 육성망 구축
- 비영리 민간 단체 등록 및 후원회 구성
- 자치학교 및 Global School 설치 운영을 통한 방과후 학습지도 독립 운영 추진
- 주민자치센터 또는 지역 기관 및 유휴 공간을 이용한 사업 공간 확보
- 10개소의 자치학교별 사업 지역 단위별 욕구 조사를 통한 교육 과정 운영
- 각 동별 주민자치위원회를 통한 공동 보호/교육 시스템 홍보와 이해도 향상
- 각 동별 주민자치위원회 내에 자치학교 운영 자문회의 구성
- 자치학교 실시 지역별 후원회 조직
- 아동 · 청소년 성장지원망 확대 및 시스템 안정화
- 강서 지역을 4개 권역으로 사업 수행 거점 기관을 선정, 사업 수행 네트워크 분화
- 지역 장학 기금 모금 사업 실시

5) 재정

앞에서 살펴본 3개의 네트워크 사업의 재정은 한 해 11억 2,300만 원으로 평균 3억 7,400여 만 원이 소요되는 것으로 파악되었다.

표 4-8 공동모금회 네트워크 사업 예산 총괄표(1차년도 예산) (단위: 백만 원)

구분	총예산	지원금	자부담	비고
노원희망네트워크	255	255		중앙회 지원
부산복지전화네트워크	515	470	45	중앙회 지원
강서푸른이학교	353	200	153	서울모금회 지원
계	1,123	925	198	모금회 지원 82.4%

총예산 중 모금회 지원이 82.4%에 해당하는 9억 2,500만 원이며 나머지는 별도의 자원 개발 등 자부담으로 충당한다. 전체 자부담 비율은 17.6%(중앙회의 경우 5.8%)로 대부분의 재원을 모금회의 지원금으로 조달하고 있는 셈이다. 예산 구조는 대부분 직접비 성격의 인건비와 사업비 및 관리비로 구성되어 있고 3년간의 지원이 예정되어 있지만, 3년 후에는 자구 노력을 통해 자립하도록 되어 있다.

6) 평가 및 시사점

모금회는 지역사회의 근본적인 문제 해결을 위해 사회복지 기관 및 시설, 시민단체, 지역주민 등을 하나의 네트워크로 연계해 지역사회를 변화시키고 궁극적으로 지역주민들의 삶의 질을 향상시킴과 동시에 모금회 스스로 지역사회와의 파트너십 관계를 재설정할 필요성을 인식하고[4] 지역사회 네트워크 사

4) 모금회와 지역사회의 새로운 관계란 지역사회 문제(agenda)에 집중, 사업의 효과성 강조, 지속적인 의사소통, 성과(outcomes)중심의 사업평가, 투자개념으로서의 배분사업, 모금에 대한 공동 책임성 등이다(김영종, 2005).

업을 지원하게 되었다.

이 같은 모금회의 네트워크 사업은 사회복지 현장에서 이슈가 되고 있는 사업을 조기에 시범적으로 지원함으로써 지역사회 중심의 서비스체계를 정비하기 위한 하나의 모델을 탐색하는 선도적 지원 사업으로 평가할 수 있다.

그러나 이들 사업은 아직 초기 단계이며, 당초 제안된 사업 계획 대비 진행 상황은 부진함을 보이고 있다. 특히 동 사업의 핵심이라고 할 수 있는 네트워크의 구성과 관련된 수행 기관 참여도는 3개 네트워크에서 모두 저조한 상태에 머물러 있다.

또한 네트워크 사업들은 공동의 목표 설정과 공동의 사업 연계를 적극 추진하여야 함에도 역할 분담을 통해 참여 기관별로 독자적 사업처럼 진행하는 현상도 목격되고 있다. 또한 느슨한 네트워크 형태로 거점 기관과 참여 기관 사이에 역할과 책임의 한계에 대한 기준이 불명확한 것도 의사 결정에 혼선을 초래하는 요인이 되고 있다. 지원 주체와 수행 기관들의 통합서비스 및 네트워크에 대한 인식 차이와 연계 경험의 부족에 따라 의사소통의 비용(재정, 시간 등)도 발생하고 있다.

각각의 사업들은 시행 초기에 네트워크 조직화 자체에 보다 많은 노력을 투여하고 있는 실정이므로 아동 · 청소년의 성장과 복지라는 사업의 효과성이나 결과를 평가하기에는 아직은 시기 상조이다. 그러나 성과 평가 모델과 측정 방법이 모호하다면 사업의 지향성을 추구하는 데 지속적으로 시행착오를 겪을 것이므로 이에 대한 인식 고양과 수행체계를 빠른 시일 내에 정비할 필요가 있다. 또한 네트워크 수행 기관 간 의사소통 채널을 보다 활성화시키고, 모금회와 참여 기관 간, 참여 기관들 사이에 통합서비스에 대한 합의의 정도를 높일 수 있는 방안들을 강구해야 한다. 네트워크 사업의 성공을 위해서는 네트워크의 응집력을 담보할 수 있는 지역사회의 리더십 발굴과 함께 자원 동원력을 더 개발해야 한다. 지역사회에 그 필요성에 대한 적극적인 홍보와 참여 독려를 위한 별도의 노력도 추가적으로 요청된다.

6. 시사점과 한계

우리의 경우 최근 들어 아동 · 청소년 분야를 포함하여 전체 사회복지서비스 분야에서 지역사회 자원의 효율적 연계를 위해 네트워크의 필요성에 대한 인식이 고조되고 있다. 이에 따라 아동 · 청소년 분야에서 공공과 민간을 망라하여 이미 위스타트와 희망스타트, 지역아동센터 네트워크, 청소년지원센터 네트워크, 아동보호전문기관 네트워크, 모금회 지원 네트워크 사업 등이 가동되고 있다.

2004년 5월에 출범한 위스타트와 2007년 위스타트가 제도화된 희망스타트 사업은 아동과 그 가족을 대상으로 문제와 욕구에 기반한 맞춤형 통합서비스 제공을 특징으로 한다. 이들은 사례관리를 기본으로 그동안 분리된 채 제공되던 보건 · 복지 · 보육 · 교육 서비스들을 통합하고 있으며 예방 중심의 포괄적 서비스, 궁극적으로는 자녀 세대와 부모 세대에 동시에 개입하는 '2 세대 프로그램(two generation program)' 을 지향한다. 그러나 향후 민간 영역의 위스타트는 지속적인 예산 확보와 함께 이미 제도화된 희망스타트와 어떻게 차별화 내지 활성화할 수 있을 것인가, 양자가 어떻게 개별 아동과 가족의 지원을 뛰어넘는 체계를 확립하고, 전체 지역사회의 참여를 더욱 활발히 이끌어 낼 것인가 하는 과제를 가지고 있다.

지역아동센터는 그동안 전국적으로 크게 증가되었지만 개별 센터마다 질적 수준 편차가 심한 것이 현실이다. 따라서 실제적 네트워크의 필요성이 부각되고 있음에도 개별 기관의 역량 정도와 이해 관계에 따라 지엽적으로 네트워크가 이루어지고 있고 기초적인 연계 형태에 머물고 있다.

지역사회 청소년통합지원체계(CYS-Net)는 2006년 당시 국가청소년위원회에 의해 출범한 이래 전반적으로 청소년(상담)지원센터의 역할이 강화되었으며, 위기청소년 대상의 지원 사업의 중요성을 인식시켰을 뿐만 아니라, 서비스 이용자들이 높은 만족도를 보이는 등 점진적인 성과를 나타내고 있는 것으로 자체 평가하고 있다. 하지만 서비스 제공자인 상담자와 연계 기관 종사자의 만족도는 이용자에 비해 상대적으로 낮고, 안팎으로 사업 초기에 나타날 수 있는 시행착오를 겪고 있다. 즉, 소속 기관의 기능에 대한 상이한 기대, 예산 및 인력 확보의 문제점, 시·도와 시·군·구 청소년상담지원센터 간의 역할 혼란, 비전문적 비체계적인 사례 수퍼비전, 자활 단계에 대한 지역별 시스템 구축 미비, 기관 연계의 현실적 어려움 등이 그것이다.

아동보호전문기관은 아동학대 및 방임 피해아동이 보고되면서 작동하는 아동보호서비스 시스템으로, 사업 자체가 정례화된 네트워크 사업이 아니므로 발견되는 사례의 성격과 가족사정에 근거하여 협력이 필요한 기관들이 결정된다. 무엇보다 상설 네트워크체계의 도입이 필요한 부분은 사례관리 단계이지만, 문제는 통합적 접근을 위한 지역사회 내 네트워크 시스템이 허술하다는 점과 필요한 서비스 실시 기관이 절대적으로 부족하여 적절한 서비스를 연결하지 못하고 있는 데 있다.

모금회에서 지원하는 대표적인 아동·청소년 분야의 지역네트워크 사업은 중앙회 지원의 노원희망네트워크와 부산복지전화네트워크, 그리고 서울모금회의 강서푸른이학교 운영 네트워크를 들 수 있다. 이들 네트워크 역시 아직은 초기 단계로 전반적으로 부진한 사업 진행 상황을 보이고 있으며 느슨한 형태의 네트워크, 거점 기관과 참여 기관 간 역할 혼란, 참여 기관별 독자적 사업 수행, 상호 의사소통의 부족, 성과 기준 미비 등 향후 보완되어야 할 부분이 많이 남아 있다.

지금까지 이 장에서 우리나라에서 시행되고 있는 아동·청소년 서비스 영역에서의 네트워크 실태를 살펴보았다. 이들 기관 간에 네트워크가 잘 이루어지지 않는 이유는 크게 다음의 네 가지로 정리할 수 있다.

(1) 서비스 제공 기관과 인력의 부족

아동·청소년을 대상으로 하는 서비스 기관의 종류는 매우 다양하지만 기관의 수는 지역별로 편차가 있으며, 지역에 따라서는 그 수가 턱없이 부족하다. 따라서 특정 지역의 경우에는 네트워크가 아니라 기본적인 기관 수의 확보가 더 시급하다. 특히 농산어촌 지역은 아동 대상 서비스 제공 기관(1차 기관) 부족 문제가 더욱 심각한 실정이다. 따라서 네트워크 구축을 위해서는 지역별로 상이한 접근이 필요하며, 농산어촌 지역의 경우에는 장기적으로 기본적인 서비스 기관에 대한 인프라 확충이 필요하고 인력 문제가 먼저 선결되어야 한다.

(2) 기관들 간의 이해 및 신뢰 부족

지역 네트워크를 구성하기 위해서는 각자의 영역에서 전문성을 확보하며, 상대방의 전문적 능력을 인정해 줄 수 있어야 하는데, 지역사회 기관들 간에는 상대 기관에 대한 이해, 신뢰와 존중이 부족하다. 부족하지만 자기완결적 조직으로 기능하던 경험으로 인해 네트워크를 위한 활동을 부가적이거나 부차적인 것으로 간주하고 있다. 따라서 이러한 문제를 극복하기 위해서는 네트워크를 완성된 상태나 결과로 이해하기보다 단계나 과정으로 이해하는 것이 필요하다. 초기 단계에서는 네트워크가 아니라 아동과 관련된 모든 기관 및 조직의 담당자들이 함께 모여 교육 및 훈련을 받음으로써 다른 분야나 다른 기관을 이해하는 데 도움을 받을 수 있다. 이러한 통합적인 교육 및 훈련 프로그램의 실시는 전문성의 제고라는 측면과 함께, 이러한 프로그램을 제공하는 과정에서 관련 기관들 간에 접촉이나 지원 등을 요구함으로써 이후 통합적 서비스를 제공하는 데 필요한 네트워크의 토대를 마련하는 계기가 될 수 있다.

(3) 네트워크의 개별화, 파편화

실제적 네트워크의 필요성이 부각되고 있음에도 불구하고 개별 기관이나 개인의 역량 정도에 따라 지엽적으로 네트워크가 이루어지고 있는 형편이다. 또한 우리나라의 네트워크는 열정이 있는 기관이나 개인의 개별적인 경험 차원에서 그 범위와 수준이 결정되는 경향이 있으며, 해당 기관이나 개인이 사라지면 네트워크도 함께 사라지는 한계를 가지고 있었다.

(4) 연계 구축을 위한 정부의 행정적 · 재정적 지원 미비

우리나라에서는 연계 구축을 위한 정부의 행정적 · 재정적 지원이 거의 없다. 특히 기관 간 연계체계 확립의 필요성은 끊임없이 제기되어 왔지만 기관들의 구심점이 되는 중심축이 없다는 문제점을 가지고 있었다. 정부가 연계 구축자로서 기능하면서 지역사회의 자원들을 보다 강하게 흡인하고 1차 서비스 기관들을 실질적으로 지원하는 2차 구심축 기관으로 기능하는 새로운 형태의 네트워크 모델이 검토되어야 할 시점이다.

정부만이 법적인 강제력과 예산의 지원 등을 통하여 관련 기관 간의 상호작용을 촉진시키거나 중재하는 주도적 역할을 수행할 수 있기 때문에 정부가 연계 구축자(network builder)가 되어야 한다.

제5장

외국의 아동 · 청소년복지 네트워크 구축 사례

1. 일본의 요보호아동대책 지역협의회와 자녀양육 네트워크
2. 미국의 공공 · 민간 파트너십과 지역협의체
3. 영국의 조기 개입 네트워크와 아동 관련 기관협의회
4. 외국 사례의 시사점

제5장

외국의 아동 · 청소년복지 네트워크 구축 사례

1. 일본의 요보호아동대책 지역협의회와 자녀양육 네트워크

1) 도쿄도 미타카시 아동가정지원 네트워크

(1) 추진 배경 및 경과

미타카시는 1990년 '아동상담연락회'를 운영했던 경험을 살려 네트워크를 만들어 아동과 가정지원을 실시해 왔다. 2000년 「아동학대방지법」이 제정된 후 아동학대 사례가 증가하면서 59개 도도부현 및 지정 도시에만 설치되어 있는 아동상담소만으로는 아동학대에 대응하는 것에 한계가 있음을 인식하였다. 이에 지역사회 내의 아동학대 조기 발견 및 조기개입의 필요성이 대두되었다.

2002년 '미타카시 아동가정지원 네트워크' 에서는 교육 분야와 민간 참가 등을 확대하여 실무담당자 회의에서 연대 사례와 연결 관계 기관을 포함했으며 각 기관의 기능 이해를 도모함과 동시에 지원의 시점과 연대의 필요성을 공유, 강화하기 시작했다. 이에 따라 상호 이해와 신뢰 위에 다수의 사례를 연대하는 지원이 진행되어 왔다.

2004년 4월 시행된 개정 「아동복지법」을 통해서는 정부 차원에서 학대받고 있는 아동을 포함한 요보호아동의 조기 발견과 적절한 보호 제공을 위해 '요보호아동대책 지역협의회' 를 설치하는 근거를 마련하였다. 그에 따라 '미타카시 아동가정지원 네트워크' 를 기본으로 2006년 3월 '미타카시 요보호아동대책 지역협의회' 를 설치하였다.

2002년 교육에서는 '특별지원교육' 의 일환으로 '총합교육상담창구' 를 개설하였고 교육 분야에서도 상담에서부터 지원이 통일되어 연대가 연결되었다.

또한 발달장애 아동을 포함한 학대받을 위험이 높은 아동, 반응성 애착장애(소위 환경이 원인이 된 행동, 대인관계장애) 아동 등 지원을 필요로 하는 아동에 대해서도 총합교육상담창구와 기타노행복센터와 연계하여 네트워크를 통한 지원을 강화해 왔다.

아동학대 등 심각하고 복잡한 문제를 가진 사례의 지원에 대해서는 '선구형 아동가정지원센터' 의 학대 방치 가정 방문 사업과 가까이에서 지켜 주는 서포트 사업을 시행하여 아동학대 예방을 위해 지역 내에서 아동학대 방지 사업을 강화해 왔다.

일시 보호로 연결되는 사례에 대해서는 가정과 분리하여 지역 내에서 지원한다. '가족사회복지(family social work)' 의 관점에서 아동상담소와 더욱 긴밀하게 연대해 가면서 문제 가정 전체를 대상으로 하여 네트워크 구성 기관과 함께 지역 내 연계 지원을 시행해 오고 있다.

(2) 네트워크 구성 기관

| 표 5-1 | 미타카시 아동가정지원 네트워크의 구성 기관

구분	부서	기관	구분	기관
미타카시	건강복지부	아동가정지원센터(사무국)	시 이외의 관계 기관	도쿄도 아동상담소
		자녀양육지원실		도쿄도 ○○보건소
		시립보육원		경찰청 미타카시 경찰서
		시립모자생활지원시설		도쿄도 모자자립지원원
		생활복지과		미타카시 의사회
		건강추진과(종합보건센터)		미타카시 치과의사회
		기타노행복센터		미타카시 조산사회
	교육위원회	지도실		사립보육원 및 보육실
		시립 초 · 중학교 및 유치원		사립유치원
		생애학습과(아동 · 청소년계)		민생 아동위원 및 주민 아동위원
		사회교육회관		조양학원(아동양육시설)
		아동관(동 · 서)		미타카시 사회복지협의회
		무라사키 아동모임		○○대학 의학 부속병원
		총합교육상담창구		아키야마 아동 클리닉 상담실
	기획부	기획경영실(평화 · 여성 · 국제화추진계)		일본보육서비스

(3) 미타카시 2007년 네트워크 운영 방침

미타카시는 지금까지 지역이 하나되어 네트워크를 통해서 자녀양육을 지원하고 아동가정지원센터를 설치 · 운영하면서 보육 불안부터 아동학대까지 상담체계와 예방 시스템을 구축해 왔다. 상담 건수 증가가 계속되어 시 차원의 보다 세밀한 대책이 요구되고 있다. 개정된 「아동복지법」에서는 시정촌(우리나라의 시 · 읍 · 면 단위, 편집자 주)을 아동학대 수리 상담 대응의 제일 창구로 규정하면서 시에서의 실무를 명확히 하게 되었다.

일본 정부에서도 최근 심각한 아동학대 빈도의 증가로 인해 2007년 1월 23일에 '아동상담 운영 방침'과 '시정촌 아동가정상담원조 방침'을 대폭 수정하였으며 내용은 다음과 같다.

- 학대 통지 수리 철저
- 안전 확인의 철저와 시정촌 차원에서의 안전 확인의 실시 명확화
- 형제 사례 대응
- 학대 사례의 정기적인 포럼
- 관계 관련 상호 정보 공유 철저(요보호아동대책 지역협의회 운영 강화)를 담고 있다.

도쿄도에서도 이 내용을 포함하는 새로운 '도쿄규정' 을 책정하여 아동상담소와 구 · 시정촌의 역할과 책무의 명확화와 연대를 구체화하였다. 그 외에도 미타카시는 네트워크 사업을 위해 네트워크 규칙과 시행 요령을 만들어 이것을 근거로 네트워크 사업을 진행하고 있다.

(4) 네트워크 운영과 관련된 예산 현황

특별한 예산은 없다. 왜냐하면 네트워크 사업이 아동가정지원센터의 업무이기 때문에 아동가정지원센터 사업비 안에 네트워크 운영 예산이 포함되어 있다. 아동가정지원센터의 예산은 인건비를 제외하고(공무원이 배치되어 있다.) 사업비만 연간 1,000만 엔(약 8,000만 원)이며 미타카시의 아동가정지원센터의 80% 정도가 네트워크 사업을 하고 있다.

(5) 미타카시 아동가정지원 네트워크체계도

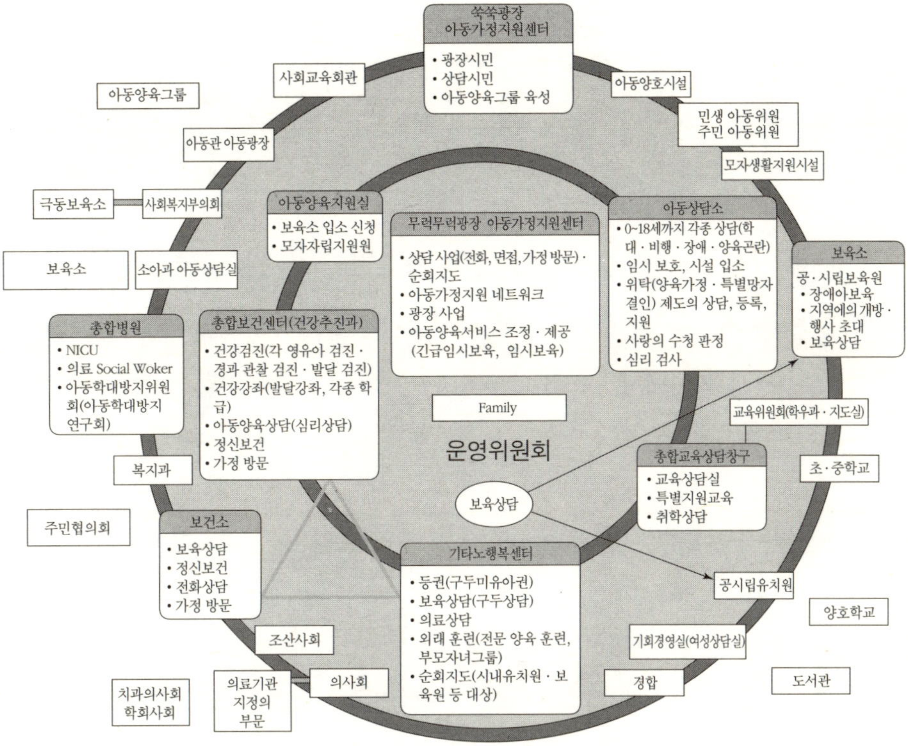

[그림 5-1] 미타카시 아동가정지원 네트워크

(6) 아동가정지원센터 사업

① 취지: 아동과 가정에 관한 종합 상담, 아동가정 재택서비스 제공 및 조정. 지역조직화 사업과 더불어 관계 기관과 연계하면서 아동과 가정을 지원하는 네트워크를 구축한다.

② 종류: 선도형 아동가정지원센터(56구 시정촌의 62개소), 종래형 아동가정지원센터(21구 시정촌), 소규모형 아동가정지원센터(4개동)

③ 사업 내용: 아동가정총합 사례관리 사업

- 상담 사업: 0~18세 미만 아동. 아동양육의 스트레스나 불안에서부터 아동학대 등 사례관리 기법으로 상담하고 있다. 그중에서도 아동관과 보육원의 기능을 활용하여 자녀양육 광장을 통해 일상적 대응 방법의 문제를 중심으로 처리하고 있다. 상담 시간: 월~토(오전 8시30분~오후 7시)
- 관계 기관과의 연계: 복지, 의료, 보건, 교육 등 각 분야의 관계 기관과 일상적으로 연계할 수 있는 장소와 기회를 마련한다. 필요에 따라서 사례 회의와 조정 회의를 개최하고 종합적인 지원 조정을 실시한다. 미타카시에서는 인터넷 상담도 시행하고 있다.
- 아동가정 재택서비스 제공: 아동가정지원센터 내뿐 아니라 아동복지시설에서도 각종 재택서비스 및 지역의 욕구에 따른 독자적인 서비스를 실시하고 제공하도록 한다. 정보 제공으로서는 지역에서의 자녀를 양육하는 가정에 제공되고 있는 다양한 서비스 실시 현황을 파악하여 인터넷을 활용하여 정보를 제공받는 등 자녀를 양육하고 있는 가정의 편의를 도모한다. 이때 사업 내용은 아동 단기 보호(short stay), 긴급 일시 보호, 일시 보호, 질병 후 아동보육 등이며, 단기 보호 사업의 경우 학교가 끝나면 택시회사와 연계하여 학교 앞에 차를 대기하여 안전하게 아동가정지원센터까지 오게 하는 서비스를 실시하고 있다. 실시 방법은 위탁 방식과 파견 방식으로 나뉜다.
- 서비스 조정: 아동상담소와 보육소의 관계 기관과 연계하여 개별 상담자를 포함하여 문제에 가장 적절한 해결을 도모한다. 관계 기관과 연계하는 등 상담 내용에 따라 적절한 지도 및 원조를 실시한다.
- 지역조직화 사업: '미마모리(옆에서 지켜 주는) support'는 아동상담소와 연계하여 아동학대가 발생하였지만 그 심각도가 약해서 가정에서의 지도가 적당하다고 판단되는 아동 및 아동학대로 인해 아동상담소 일시 보호 또는 시설 입소 조치를 받은 아동에 대한 가정 복귀 후 가정지원 등 사후관리를 하는 것을 말한다.

- 학대 방지 지원 방문 사업: 보건소, 보육센터의 관계 기관과 연계하여 부모가 부적절한 양육 태도를 보이거나 생활 환경에 문제가 있는 가정, 극도의 양육 불안으로 인해 정신적 · 심리적 문제를 가지고 있는 가정 및 영유아 건강진단 미검사 가정, 아동의 건전한 성장에 우려가 있는 가정에 대해서 아동학대 예방 지원을 실시한다.
- 육아 지원 헬퍼(helper) 사업: 임신 중인 모자에게 육아 상담과 간단한 가사 업무를 원조하며 양육 지원이 필요하다고 생각되는 가정에 헬퍼를 파견한다. 아동학대의 관점에서 학대 방지 지원 방문 사업으로 각 가정 상황에 따라 적절하게 지원할 수 있다.
- 재택서비스 기반 정비: 지역에서 재택서비스의 역량을 마련하기 위해 구 · 시정촌이 실시하고 있는 아동가정 재택서비스 사업 담당자에게 양육가정 보급 등 활동을 실시한다.

(7) 아동가정지원 네트워크 운영 현황

「아동복지법」 제25조 제1의 1항의 규정에 의해 요보호아동대책 지역협의회를 설치하여야 한다. 미타카시 아동가정지원 네트워크의 조직 및 운영에 대한 필요한 사항을 정하고 법 제6조3에서 규정하는 요보호아동 및 그 보호자를 관련된 기관과 연계하며, 요보호아동을 지원할 뿐 아니라 그의 적절한 보호를 실시하여 아동복지 증진을 목적으로 한다.

- 대표자 회의: 네트워크의 조직, 운영 및 요보호아동 지원에 관한 체계를 검토하며 네트워크를 구성한 조직의 대표자로서 매년 1회 개최한다(2002년 5월 16일 개최).
- 실무담당자 회의: 네트워크 운영에 관한 정보 교환, 사례의 종합적 검토, 요보호아동의 실태 파악, 실무담당자의 연구 등을 실시하기 위해 네트워크 구성원의 실무담당자 회의를 격월로 개최한다(6회).
- 운영위원회: 네트워크 회원의 입 · 탈퇴 건, 광고 활동, 사례검토 회의 운

영에 대하여 위원들에 의해 수시 개최된다.

- 사례 검토 회의: 요보호아동 지원 등 구체적인 지원 내용을 검토하기 위해 개별 사례에 관한 네트워크 구성원의 실무담당자에 의해 수시 개최된다(58회). 연수회는 2회가 개최되어 '법의학에서 본 학대' 등을 다루었고, 전문 상담은 280회(전문직에 의한 관계 기관 직원의 조언, 사후 관리, 심리상담 등)가 이루어졌다.
- 아동가정지원센터 상담 건수: 단순 상담 233건, 계속 상담 345건으로 연간건수는 578건에 달했다. 모자 상담 건수는 62건이었다.

2) 오사카시 니시나리구 "우리동네 니시나리 자녀양육 네트워크"[1)]

(1) 네트워크 추진 배경

'서로 다름을 아는 것이 네트워크'로 소단위의 네트워크를 만들었다. 일본에서는 아동 권리에 대한 의식이 매우 낮다(아동권리협약 비준이 1994년에야 이루어졌다.). 이러한 낮은 아동 권리 인식이 학대를 야기한다고 보고 아동 권리에 관한 인식을 변화시키기 위해 네트워크를 추진하였다. 10년 동안 6개의 네트워크를 구성하였다.

네트워크에 소속된 회원들은 매달 1회의 회의를 하며 구청, 보건소, 아동상담소, 보육소, 민생위원, 소학교, 중학교, 유치원 교사 등의 관계자가 참석한다. 주된 회의 내용은 아동학대, 아동빈곤, 아동질병 사례에 대한 논의이며 지역을 기반으로 하여 아동에게 문제가 발생하였을 경우 지역 내에서 문제를 해결할 수 있도록 지원하고 있다.

니시나리 네트워크의 기본 단위와 기본 구상은 지역사회를 기반으로 하는 네트워크는 서로 잘 알고 있어야 하며, 어떤 조직, 어떤 부모, 어떤 아동이 있는지 아는 것이 기본이 되어야 한다고 한다. 이러한 기본 단위는 중학교 1개,

1) http://haginet.2.pro.tok2.com/index.html.

초등학교 2～3개를 단위로 하여 모두 6개로 나누어져 있다. 니시나리는 북쪽 끝에서 남쪽 끝까지의 거리가 4km로 걸으면 1시간이 걸리는데, 이것은 너무 넓기 때문에 중학교 1개, 초등학교 2～3개, 걸어서 15분 거리에 있는 단위가 네트워크 하나의 기본 단위이다.

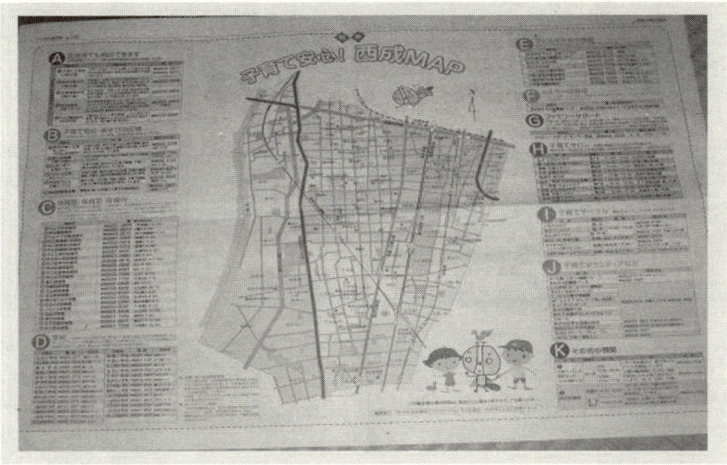

[그림 5-2] 오사카시 니시나리 지역의 아동 관련 단체 지도

(2) 목적

자녀양육과 관련된 많은 사람들이 모여서 "아동의 권리, 아동의 성장할 힘과 아동을 성장시킬 힘, 아동을 지지하는 힘을 지원하는 활동"을 모두가 함께 하기 위해서 자녀양육 네트워크를 넓히는 데 목적이 있다. 자녀양육과 관련된 많은 사람들이 연대하여 "아동들이 쑥쑥 자라나는 동네, 니시나리"를 목표로 부드럽게 아이들을 가르치는 지역을 만들고자 한다.

(3) 사업 주요 내용

- 취학전 영유아 자녀를 양육하는 가정지원 활동
- 18세 미만 아동의 자녀를 양육하는 지원 활동

- 참가 단체, 기관 등 정보 교환, 연대 활동
- 자녀양육 지원 정보 수집 및 공개
- 자녀양육 동아리 육성과 지원
- 아동학대 방지를 위한 활동
- 자녀양육 강좌 개최
- 자녀양육모임 개최
- 자녀양육에 관한 욕구 파악과 문제 해결

(4) 활동 내용

① 부모그룹

이곳에서는 자녀양육의 어려움을 해결하고 양육은 즐겁고 기쁜 일이라는 것을 알도록 돕는다. 자녀를 양육하면서 겪을 수 있는 어려움을 주위 사람들의 도움을 통해 극복할 수 있도록 하는 것을 목표로 365일 24시간 자녀양육에 대해 지원한다.

② 자녀양육 지원체계

부모모임, 자조모임이 없으면 제도나 법률, 시설의 지원이 잘 되어 있어도 시설을 이용하지 않는 경우가 발생하며, 부모모임이나 자조모임이 잘 되어 있어도 제도나 시설이 갖추어져 있지 않으면 좋은 지원체계가 될 수 없다. 결국은 제도와 법률이 잘 준비되어 있고 각종 부모모임, 자조모임이 활성화되어야 자녀양육 지원체계가 견실해진다.

③ 홍보 · 광고

정보지를 발행해서 자녀양육을 위한 정보를 제공한다. 네트워크 사업과 참가 시설을 소개하고 아동을 지키고 교육하는 방법 등을 소개한다. 사람들에게 일방적으로 정보를 제공하는 것이 아니라 그들의 참여를 유도하여 언제 어디에서나 자녀양육 네트워크의 취지를 실현하도록 한다.

④ 지역 지원체계 만들기

부모나 아동 관계자뿐 아니라 지역 사람들에게 자녀양육 네트워크를 이해시키고 협력하도록 한다. 자녀양육모임 만들기를 촉진시킨다.

⑤ 홈페이지

홈페이지를 활용하여 자녀양육에 관한 정보를 공개하여 가정에서도 자녀양육과 지역 정보를 쉽게 접할 수 있도록 한다. 홈페이지를 통해 다양한 정보를 제공하고 있다.

⑥ 자녀양육모임

자생적인 부모모임으로서 주로 미취학 자녀를 둔 어머니들이 매주 1, 2회 정도 모여서 자녀양육 방법, 양육에 관한 유용한 책이나 정보를 교환하며 자녀양육 스트레스를 푸는 모임이다. 이 네트워크에서는 자녀양육 지원 방법을 알려 주며, 자녀양육 시설이 부족한 동네에는 모임을 만들어 정보와 상담의 장이 되도록 독려한다. 지역주민 중심으로 운동회도 개최한다.

⑦ 아동학대 방지 모임

'My Tree Parents Program' 이라는 학대부모 지원 프로그램

⑧ 특별모임

아동 건강 마츠리(장난감, 재활용), 공짜시장(Free Market), 자녀양육모임 등

⑨ 愛, eye. Net

- 愛 : 아동에 대한 '사랑'
- Eye : 문제를 발견하는 '눈과 눈'
- Net : 사람과 사람의 '연결'

참고

〈니시나리 자녀양육 네트워크 2007년 활동 방침〉

아동관, 청소년회관을 아동발달의 장소, 활동 거점으로 적극적으로 활용할 수 있도록 재구조를 추진한다. 폐지된 조례 대신에 오사카시에서 아동을 위한 어떤 지원을 할 것인지 묻고, 보호자에게는 어떤 서비스를 희망하는지 조사하여 오사카시에 요청서를 제출한다.

니시나리 지역사회복지 활동 계획의 구체화 등 니시나리구 사회복지협의회와 연대를 강화하고 관련 단체와도 연대한다. 문부과학성 사업의 "학습 상담 사업"을 깊이 있게 진행하기 위해 학대 방지 등의 테마를 설정하여 공부하고 싶은 회원에게 제공한다. 다양한 자녀양육 실천 커뮤니티 만들기에 협력한다.

기존의 네트워크를 활용하여, 아버지의 육아, 자녀양육을 생각하는 모임 만들기에 협력한다.

이제까지 활동의 중심인 '자녀양육 모임' 에 대해서 금년도에도 개최한다. 청소년회관에서 실시해 왔던, 공짜시장 실시, 4회째 계속되는 '아동 건강 마츠리' 는 환경 문제를 생각해 보기 위해서 장난감과 재활용 운동을 니시나리구 지역사회복지 실천 계획 추진위원회의 협력을 얻어 실시한다.

자원봉사자 그룹에 요청하여 "요미우리 자녀양육 지원단" 에 응모하며 그 외 국가, 시정촌, 기업 등에도 응원해 주는 제도가 있으면 응모할 계획을 가지고 있다.

(5) 네트워크 회원 현황

회원은 니시나리구의 자녀양육에 관련된 관계 기관, 시설, 단체, 개인이며 찬조 회원은 단체, 회사 등이다.

소속 단체를 구체적으로 살펴보면 다음과 같다.

- 오사카시 니시나리구에 있는 아동 관련 단체: 67개 기관
- 자원봉사단체: 11곳
- 자녀양육모임: 6곳
- 오사카시 지역 자녀양육센터(자녀양육지원 사업을 하고 있는 단체): 7곳

- 관공서: 8곳
- 니시나리구 건강보건센터 자녀양육지원실, 자녀양육상담실
- 보건복지센터 지역 활동부, 인권문화센터, 장애자회관, 아동상담소, 자원봉사단체
- 보육소 · 보육원: 19곳
- 유치원: 3곳
- 학동보육소: 4곳
- 기타 관련 단체 · 시설: 아동관, 청소년회관 시설, 인권 교육 재단, 인권협회, 병원, 보이스카웃 등

(6) 오사카 내 24개 구 중 23개 구와 니시나리구의 차이점

니시나리구의 네트워크는 오사카시 내의 다른 구와 비교할 때 〈표 5-2〉와 같은 차이점을 보인다.

┃ 표 5-2 ┃ 오사카시 니시나리구 네트워크의 특징

다른 지역	니시나리
• 아동학대 방지에 초점	• 아동학대 방지와 더불어 자녀양육에 대한 접근 • 양육에 대한 기술 부족이나 지원의 부족으로 인하여 학대가 발생할 수 있으므로 이에 대한 예방과 지원 측면에서 접근 • 학대의 문제인지 양육의 문제인지 구분하기 어려운 경우가 있음 • 양육 환경 때문에 방임 · 학대되는 경우도 있음
• 구 단위의 네트워크	• 중학교 단위 6개의 작은 단위로 나누어서 네트워크를 이룸
• 관에서 일방적으로 구성원 결정	• 구성원을 소단위 네트워크를 중심으로 실제적으로 일하는 사람으로 구성하여 형식적인 네트워크가 되는 것 방지

7) 조직

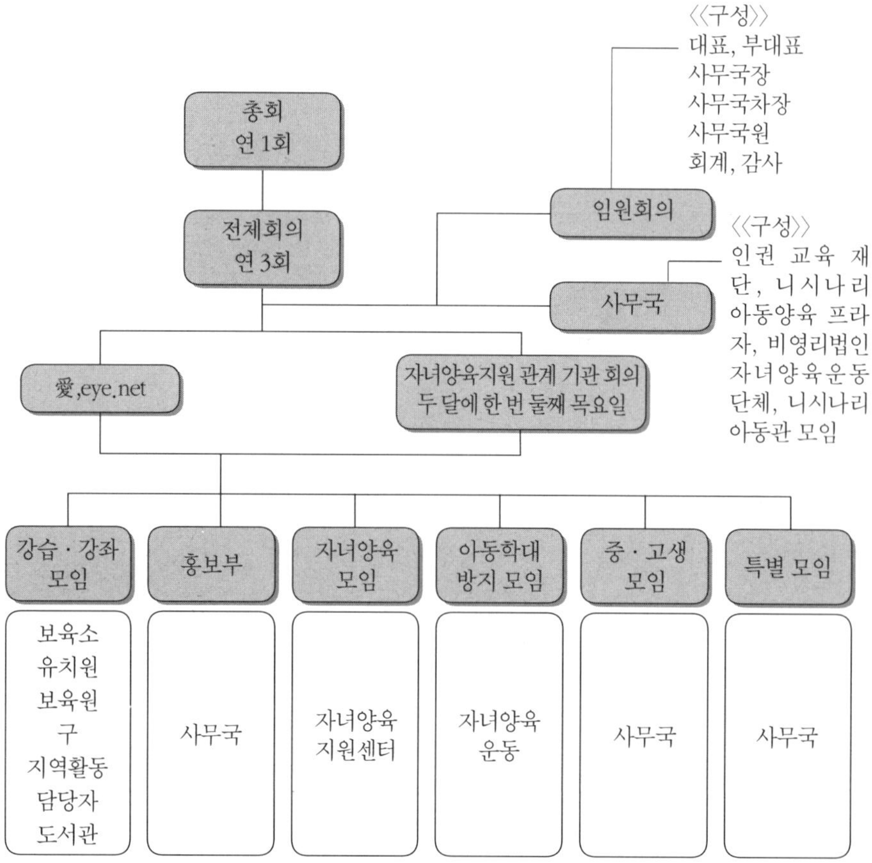

[그림 5-3] 우리동네 니시나리 자녀양육 네트워크 조직도

(8) 일본 사례의 시사점

일본 네트워크 사례의 특징은 아동 · 청소년 관련 단체보다는 가족, 지역주민들의 자조모임에 더욱 초점이 맞추어져 있다는 것이다. 가족의 육아 불안 해소, 양육 지원, 가정 내 아동학대 방지를 좀 더 원활히 하기 위해 지원하는 형식이다. 한국의 경우 지역사회 내 특히 아동 · 청소년을 지원할 2차 기관의 부재와 행정 전달체계 내에서 1차 기관의 서비스 누락, 중복, 의견 조정의 어려

움으로 네트워크의 필요성이 요청되는 현실과는 조금 다른 출발점이다.

일본이 '요보호아동대책 지역협의회'를 제도화하여 강력하게 추진하는 이유 중에 하나는 늘어나는 아동학대를 예방 · 방지하고자 하는 것도 있겠지만, 새로이 전문적 인력을 배치하지 않고 시정촌의 공무원들을 훈련하여 직접 아동을 1차 스크린, 상담하여 아동상담소로 의뢰하도록 하는 전달체계로 활용하고자 하는 것이다. 물론 긍정적인 측면도 있지만 우려되는 점도 있다. 이 네트워크 모형이 담당 공무원들에게는 일거리가 하나 더 생기는 것이며, 지역주민들까지도 동원해야 한다는 것이다.

한국은 아동보호 전문 기관의 전문 인력이 부족한 실정이며 공무원들의 이해 정도도 매우 낮은 상황이다. 따라서 보다 전문 인력을 많이 교육하고 배치해야 하며, 공무원 전담 인력의 배치도 필요하다.

도쿄의 미타카시가 지금과 같은 네트워크 조직을 만드는 데는 무려 17년이 걸렸으며, 오사카의 니시나리구는 10년에 걸쳐 6개의 네트워크를 조직하였다. 이처럼 지역을 기반으로 하는 네트워크 구성에는 많은 시간이 소요될 것으로 예상된다.

시간이 많이 걸린다는 것은 그만큼 네트워크 사업에 집중해야 함을 의미한다. 이 집중에는 지역주민을 동원하고 단체를 조직하여 운영할 수 있는 열정을 가진 조직 활동가가 필요하다. 또한 그 활동가가 일할 수 있는 환경적 지원과 토대가 마련되어야 한다.

미타가시와 니시나리구 역시 처음부터 공적인 체계가 들어가서 네트워크가 구성된 것이 아니라, 지역 단체들의 자조모임에서부터 시작되었다. 이 연구 결과로 네트워크 모형이 개발된다고 해도, 각 지역 특성에 맞는 지역 단체들의 자조모임 참여를 어떻게 추동할 것인가하는 방법도 연구되어야 된다.

미타카시의 경우 자조모임 형태가 제도화되어 네트워크 조직의 활동이 가속화되었으며 니시나리구의 경우 역시 제도가 기반이 되어 공적 구조와 협상하면서 사회 운동이나 정책의 의사 결정을 조정할 힘이 생겼다는 것은 의미 있는 시사점이다.

니시나리구의 경우 네트워크 단위는 매우 실질적인 크기를 기본 단위로 정하고 있다. 이 연구에서 네트워크의 기본 단위를 어떻게 할 것인지, 만약 '구'나 '군' 단위로 한다면 하부 단위를 어떤 단위로 나눌 것인지에 대한 고민도 있어야 한다.

2. 미국의 공공 · 민간 파트너십과 지역협의체

1) 아동보호를 위한 민관 파트너십(Public-Private Child Care Partnership Project[2])

(1) 추진 배경

미국에서는 아동보호 및 양육에 필요한 시설을 갖추는 것이 정부, 고용주, 가족 모두에게 시급한 과제였다. 정부의 관련 예산도 지난 십수 년에 걸쳐 약 5천억 원(5억 달러)에서 약 3조 원(30억 달러)까지 증가하였음에도 불구하고 실질적인 수요에는 부응하지 못하였다.

이에 1997년 10월 "아동보호 백악관 회의(White House Conference on Child Care)"를 통해서 공공과 민간의 파트너십을 통한 아동보호와 관련한 자원 및 노하우들을 개발 보급하고자 하는 노력이 시작되었다.

현재에도 많은 주들과 지역사회가 이러한 민관 파트너십 프로젝트에 참여하고 있다. 특히 미국의 보건복지부(the U.S. Department of Health and Human Services)에서는 그 하부 조직인 연방 정부 아동국(Child Care Bureau)을 통해 아동보호 파트너십(The Child Care Partnership Project)을 구축하고 적극적으로 시행하고자 노력하고 있다.

특히 이러한 파트너십 형성 프로젝트는 각 주 정부의 아동보호 담당자들이

2) 보다 자세한 내용은 http://nccic.org/ccpartnerships/home.htm 참조.

기업체, 자선단체, 민간 복지서비스 제공 기관들과 협력체계를 형성하고 유지하는 데 필요한 정보와 기술적 지원을 제공하는 데 많은 기여를 하였다.

(2) 파트너십의 정의

아동보호 파트너십이란 지역사회의 구성원들, 정부 기관과 민간 부문 기관들이 함께 참여하여 해당 주나 지역사회의 아동과 그 가족의 욕구를 해결하기 위해 필요한 능력을 향상시키고자 만든 것이다. 따라서 개별 파트너십들은 그 구성에 있어서, 그리고 그것을 지원하는 자원들에 있어서도 독특한 형태를 갖는다. 모든 파트너십을 구성하고 있는 개별 구성원(partnership member)들은 파트너십 목적 달성을 위해 시간, 재정, 개별 능력을 사용하여 나름의 기여를 하고 있다.

이렇게 공공-민간 파트너십(public-private partnerships)은 연방 정부, 주 정부 혹은 지방자치단체나 기관 등의 공공 분야 종사자들(공무원들)이 공동의 목적 달성을 위해 가족, 고용주, 봉사단체, 여론 기관, 시민사회단체 및 민간 분야 사회복지서비스 제공 기관들과 더불어 함께하는 것을 말한다.

이러한 파트너십은 비록 개별 파트너십마다 차이가 있다고는 하지만 다음과 같은 공통적 성격을 갖고 있다:

- 민간 부문과 공공 부문이 파트너로 함께 일한다.
- 파트너들이 공동의 목적과 목표 달성을 위해 함께 일한다.
- 개별 파트너들은 파트너십에 필요한 시간, 돈, 특기 또는 자원들을 의무적으로 제공한다.
- 개별 파트너들은 파트너십을 통한 사업 수행에 필요한 모든 의사결정과 관리에 대한 책임도 함께 한다.

(3) 파트너십의 구성 주체 및 유형

파트너십을 구성하는 구성 주체들은 파트너십 구성 목적이나 파트너십이 발휘되고 있는 지역에 따라 다양하나 대체로 다음 구성체들을 포함하고 있다.

| 표 5-3 | 연결고리 조직(linking-pin organization)의 예시

파트너십 구성 주체들	대학(Colleges/Universities), 고용주(Employers) 지역개발회사(Community Development Corporations) 지역사회조직(Community Organizations) 재정 기관(Financial Institutions), 재단(Foundations) 자원 및 의뢰 기관(Resource and Referral Agencies), 학교(Schools)

파트너십의 유형은 그 파트너십 구성 목적이나 지리적 위치에 따라서 다양하게 존재하며 그 구체적인 유형은 다음 〈표 5-4〉와 같다.

| 표 5-4 | 민관 파트너십의 목적 및 위치에 따른 제 유형

파트너십의 분류 기준	파트너십 유형
파트너십의 목적	영유아 보호(Infant/Toddler Care) 학령기 아동보호(Schoolage Care) 기관 중심 보호(Center based Care) 가족 아동보호(Family Child Care) 서비스 제공 기관 교육 및 모집(Provider Training and Recruitment) 고용주 지원(Employer Assistance with Work/Life Issues) 공공근로(Public Engagement) 자원 연계(Resource and Referral) 능력 배양(Capacity Building)
파트너십의 지리적 위치	시골(Rural), 도회지(Urban) 지방(Local), 중다기관(Multisite), 주 전역(Statewide)

(4) 파트너십 성공을 위한 몇 가지 원칙들

파트너십을 통해 배울 수 있는 몇 가지 성공 전략을 살펴보면 다음과 같다.

- 명확한 목적을 갖고 있어야 한다.
- 프로그램 및 서비스 개발에 있어서 클라이언트(가족)가 반드시 포함되어야 한다.
- 파트너십에 필요한 구성 부분들이 가급적 모두 참여하는 형태가 바람직하다.
- 일반 대중들이 인지할 수 있을 정도의 능력이 있는 리더들이 포함되어야 한다.
- 달성할 수 있는 긍정적인 결과들을 목표로 하고 이들 목표 달성을 정기적으로 확인하는 노력이 필요하다.
- 명확한 지배 관리 구조(governance structure)를 갖추어야 한다.
- 파트너십이 제대로 작동될 수 있는 기본적인 규칙이 정해져 있어야 한다.
- 파트너십은 경직되어서는 안 되며 유연성과 전문경영가적 마인드(entrepreneurial mindset)를 겸비하고 변화하는 상황과 자원들에 잘 적응할 줄 알아야 한다.
- 모든 파트너의 강점과 기여도를 확인하고 각각의 파트너들이 파트너십 형성으로부터 얻는 점이 있어야 한다.
- 파트너십 유지를 위해 끊임없이 노력해야 한다.

(5) 아동보호 관련 파트너십을 통한 사업 활동

아동보호 관련 파트너십을 통해 이룬 성과들은 각 주별 또는 지역별 파트너십에 따라서 다양하다고 할 수 있으나 공통된 사업 성과들을 살펴보면 다음과 같다.

① 아동보호의 질적 향상

미국 내 많은 파트너십들은 아동보호서비스 제공 기관 종사자들에 대한 훈련이나 서비스 제공 시설의 환경 개선을 위해 노력함으로써 아동보호의 질적 향상을 위해 노력하고 있다.

아동보호의 질적 향상을 목적으로 수행한 주요 사업들을 살펴보면 다음과 같다.

- 기관과 재가서비스 제공자들의 모집, 교육, 및 자격 관리
- 전문적인 아동 조기교육 시스템 및 관련 직업 경력 지위 개발
- 자격 요건에 따른 서비스 제공자에 대한 보상 제고
- 프로그램 관련 인가(program accreditation)
- 아동보호서비스 제공자들 간의 멘터링체계 구축
- 학령기 아동 관련 프로그램의 개발
- 아동보호 관련 시설의 개보수 및 신축
- 부모 및 가족구성원에 대한 교육 측면

② 양질의 아동보호서비스 공급 증대 관련 사업

질적으로 부족한 아동보호서비스 기관을 보충하기 위해 파트너십이 기울이고 있는 노력들은 다음과 같다.

- 학령기 아동을 보호하기 위한 다양한 관련 기관들, 예를 들어 학교, 아동 · 청소년 관련 지역사회 조직들, 공원 관리 공단 부서들 간의 협력체계 구성
- 시설 확충을 위한 필요 재원 조달
- 응급보호서비스 제공 기관 개발
- 주 또는 지역 차원의 아동보호서비스 기관의 서비스에 대한 조사 및 보고
- 아동보호 기관 개설에 필요한 주택 관련, 기업체 등과의 협조

③ 고용주들(기업체)을 위한 사업

- 근로자들의 아동보호 관련 욕구를 잘 파악하고 그러한 욕구를 해결하기 위해 무엇이 필요한지 알기 위해 관련 기관들과 연결 구조 마련
- 필요한 경우 근로자들을 위한 아동보호 관련 욕구 조사 실시

- 근로자들의 가족 지원을 위한 정책이나 프로그램 관련 매뉴얼 개발 보급
- 기업체 내 또는 지역사회에서의 각종 아동보호의 필요성에 대한 홍보 캠페인 실시

④ 아동보호 관련 비용 확보 차원

- 아동보호를 위한 서비스 제공 기관에 대한 각종 세제 감면이나 인센티브 실시
- 아동보호 관련 기금 마련을 위한 필요 법률 개정
- 기타 전형적인 재정 증대 방안 모색

⑤ 주 단위 또는 지역사회 단위에서 아동보호 관련 기존 시스템을 향상시키거나 새로운 시스템을 구축하기 위해 기울이고 있는 노력들

- 아동보호 수준 제고를 위한 주 정부나 관련 기관들의 연계
- 아동보호를 강조하는 지역사회 차원의 협력체계 내지 추진팀 구축 및 참여
- 아동보호에 필요한 재정 자원의 조정
- 아동보호 관련 서비스 제공 기관들 간의 조정
- 아동보호를 위한 지역사회의 경제 관련 단체들의 모임 조직화
- 아동보호 관련 기관들 간의 자원 중개
- 아동보호 관련 재정 지원 방법(물적/금전적) 모색
- 아동보호에 대한 공공의 지원 확보를 위한 로비 활동

(6) 아동보호 파트너십의 시사점

협력체계 구성 주체들은 동등한 파트너로서 공동의 목적과 목표 사업을 갖고 이를 달성하기 위해 함께 일하고 있다. 협력체계 구성 주체들은 협력체계의 사업 수행에 필요한 자원(시간, 돈, 기술 등)들을 의무적으로 제공하도록 해야 한다. 협력체계 구성 주체들은 협력체계를 통한 사업 수행에 필요한 모든 의사 결정과 관리에 대한 책임도 함께 하도록 해야 한다. 마지막으로 협력체계가 제 기능을 발휘하기 위해서는 독립적인 유형의 구조(예, 비영리 기관화)화할 필요

성이 있고, 체계 유지를 위한 다양한 자원이 공공 및 민간 부문으로부터 조달되어야 한다.

2) 워싱턴 D. C. 지역협의체(Wasington D. C. Community Collaborative)

(1) 추진 배경

1993년 「가족보존 및 지원법(Family Preservation and Support Act)」을 미국 연방 정부가 통과시키면서 지역사회 내에서 아동과 가족의 욕구를 충족시킬 수 있도록 지방자치단체 중심(decentralized), 지역사회에 기반을 둔 서비스(community based service)를 개발할 필요성이 대두되었다.

위싱턴주 정부는 1994년부터 계획을 세우기 시작하였고, 그 중심이 되는 계획이 "건강한 가족/성장하는 지역협의체(Healthy Fmilies/Thriving Communities Collaborative; HFTC Collaborative)"였다.

위싱턴주 정부 아동가족서비스부(Children and Family Services Agency)는 지역사회 비영리 기관, 의료 기관, 학교, 종교 기관 및 시민들이 자신의 거주 지역 내에 있는 고위험 가족들을 위한 네트워크를 형성하고 아동가족서비스부의 파트너로서 활동하도록 하는 새로운 모델을 개발하는 데 관심을 기울이게 되었고, 1996년 주 정부 아동가족서비스부의 파트너십에 의해서 건강한 가족/성장하는 지역협의체 4개소가 약 7만 5,000달러(7천 5백만 원)의 보조금을 받으며 먼저 시작되었다.

주 정부 아동복지체계는 위기를 당한 가족에 대해서만 개입할 수밖에 없었다. 이런 약점을 보완하고자 지지적인 네트워크를 형성하여 가족이 위기를 당하기 전에 미리 접근하고 가족들을 보살펴서, 아동 · 청소년 및 성인들이 안전하고 생산적으로 거주할 수 있는 지역사회를 만들 수 있도록 지역협의체를 시작하게 되었다.

(2) 지역협의체(Community Collaborative)의 역할

위싱턴주 정부의 아동가족서비스부가 "건강한 가족/성장하는 지역사회(Healthy Families/Thriving Communities)" 정책의 일환으로 설치한 지역협의체는 이미 발생한 아동학대와 방임 사례 및 고위험 가족을 대상으로 지역사회에 기반을 둔 아동복지서비스를 실시하는 주된 수단이다. 지역사회 파트너들과 폭넓게 네트워크를 구성하고 있는 지역협의체는 아동가족서비스부와 함께 다음과 같은 활동을 한다.

- 위험에 봉착한 가족에 대해 집중적인 서비스를 제공하여 장래 발생할 아동학대와 방임을 예방한다.
- 아동가족서비스부의 아동학대 개입 사례에 대해 서비스를 연계하고, 가정 방문을 하고, 위탁부모나 친척과 함께 사는 아동에 대해 지역사회복지서비스를 지원한다.
- 원가족에게 돌아간 아동, 격리된 아동, 친인척 보호 아동, 입양 등 후견인 보호(항구적으로 배치된) 아동 등이 잘 정착할 수 있도록 사후 관리를 한다.
- 각 지역협의체는 지역주민 대표들로 이루어진 이사회를 구성하며, 운영위원회(community steering committee)가 사업에 대한 관리와 감독을 맡고 있다.

워싱턴 D. C. 에는 Columbia Heights/Shaw, Far Southeast, North Capital, Edgewood/Brookland, East River, South Washington, Georgia Avenue/Rock Creek East 등 전체 7개의 지역협의체가 있다.

(3) 지역협의체의 비전과 원칙

① 비전

가족을 건강하게 만들고, 아동과 청소년 및 성인들이 안전하고 생산적인 삶을 영위할 수 있는 지지적인 지역사회를 구성하기 위하여 컬럼비아 전 지역을 통틀어서 지역사회 파트너들로 이루어진 빈틈없는 네트워크를 개발, 유지한다.

② 원칙

- 아동에 대한 책임(commitment to children): 지역사회 구성원으로서 아동이 그들의 가능성을 최대한 발휘할 수 있도록, 그리고 학대와 방임으로부터 그들의 권리를 지켜줄 수 있도록 아동의 안전을 확보하는 일에 책임을 다한다.
- 가족에 대한 존중(respect for families): 가족이 때로는 도전에 직면하기도 하지만, 모든 가족들과 아동들은 변화의 근본이 되는 내재적인 회복력과 힘을 가지고 있다고 믿는다. 그들의 힘을 인정하면 새로운 기술과 가능성을 발전해 나갈 때에 가족들은 충분히 좋은 파트너가 될 수 있다.
- 지역사회에 대한 신뢰(reliance on community): 우리는 우리가 일하는 지역사회의 힘을 존중한다. 우리는 가족서비스를 계획하고, 개발하고, 감독하는 일에 지역사회 주민들을 참여시키는 것을 목표로 한다. 그리고 가족과 아동에 대해 더 좋은 서비스를 할 수 있도록 파트너 기관들의 역량을 강화하고자 한다.
- 질 높은, 유연성 있는 대응 서비스(high quality, flexible and responsive services): 긍정적인 결과를 만들어 낼 수 있는 질 높은 서비스를 주는 것에 공헌한다. 일선 사회복지사들은 각 가족이 그들만의 욕구에 부응할 수 있도록 지역사회 자원에 유연하게 접근한다.
- 책임성(accountability): 우리가 제공한 서비스가 가져올 예상 결과를 명확히 하고 그 결과에 책임을 진다. 모든 지역협의체는 그 운영 상황이 파트너 기관들과 지역사회에 투명하게 공개되어야 한다.

(4) 각 지역협의체가 실시하는 프로그램

표 5-4 | 워싱턴 D. C. 지역협의체의 프로그램 종류

사업 종류	사업 내용
가족 안정화 (Family Stabilization)	즉각적인 위기 상황을 해결하고, 필요한 자원을 찾아서 연계하며, 가족의 웰빙과 항구적인 안정화 목표를 이루어 나가고자 하는 목적을 가지고 연속성 있는 가족서비스를 통한 개입을 실시한다.
정보 제공 및 연계 (Information & Referral)	취업알선, 법률 지원, 식품 및 교통, 정신건강서비스, 가정폭력서비스, 쉼터 보호, 의료서비스, 주택 지원 프로그램 등과 같이 즉각적이고 장기적인 욕구를 해결해 주기 위하여 지역사회 정보를 제공하거나 서비스를 연계한다.
사례 지원서비스 (Supportive Case Services)	각 사례에 대한 관리는 주 정부 아동가족서비스부에 그 책임이 있다. 지역협의체 직원들은 주 정부 아동가족서비스부 사회복지사가 가족을 안정화시킴에 있어서 다양한 지원서비스를 제공한다. 지역협의체 직원들은 가정지원서비스, 가정 방문, 취업 지원 등과 같은 핵심적인 서비스를 실시하면서 주 정부 사회복지사의 업무를 돕는다.
청소년 사후 지도 (Youth Aftercare Support)	위탁보호 제도하에서 생활하고 있는 청소년들에 대해 지역사회 중심의 사례관리와 함께 지지서비스를 실시한다.
지역사회 능력 향상 (Community Capacity Building)	각 지역협의체는 자신들의 사업 대상이 되는 지역주민들의 능력 개발을 위하여 기술적인 지원, 훈련, 자원 개발 및 지역 파트너들을 위한 적은 규모의 보조금을 제공한다.
아버지 지지 프로그램 (DC Fatherhood Initiative)	아버지들이 자녀들의 삶에서 좀 더 적극적인 역할을 수행하도록 준비시키고, 아버지들이 자녀들을 위한 재정적인 지원을 감당할 수 있도록 지원하고 지지하는 프로그램을 지역주민을 중심으로 펼쳐나간다.
폭력 예방 프로그램 (Second Responders Initiative)	7구역과 8구역에서 실시하는 프로그램으로서 초기에, 통합적인 위기 개입을 통하여 청소년, 가족 및 지역사회에서 폭력의 영향을 줄여나가는 사업이다.
청소년 무단결석방지 프로젝트 (Youth Truancy Diversion Project)	6개 중학교 및 고등학교에서 학생들의 무단결석률을 줄이기 위해 실시하는 프로그램이다. 학교 행정 당국에서 알려온 학생들을 대상으로 가족중심적 서비스를 제공하고 집중적으로 출결 상황을 모니터링하는 사업이다.

(5) 지역협의체 협의회(HFTC Collaborative Council)

지역협의체가 아동가족서비스부와 서비스 계약을 맺고 활동을 시작하면서 협의체와 관련한 주된 이슈들에 대해 조정할 수 있는 정책 기구의 필요성이 대두됨에 따라 지역협의체 협의회가 1997년에 발족되었다.

협의회는 7개소의 지역협의체로부터 각기 2명의 상임이사 및 1명의 대리이사를 파견 받아 이사회를 구성하고, 아동복지협회(the Consortium of Child Welfare), 사회정책연구센터(the Center for the Study of Social Policy), 'Action for Children' 및 워싱턴 D. C. 아동기금(D. C. Children' s Trust Fund)에서 비상임 이사를 1명씩 파견하고 있다.

현재 6명으로 구성된 집행이사회(Executive Committee) 및 20명으로 구성된 이사회가 활동 중이다. 협의회의 주된 기능은 다음과 같다.

- 가족들을 대상으로 주민서비스를 확장해 나가는 일에 주 정부 아동가족서비스부와 함께 일한다.
- 지역 · 연방 정책 개발에 있어서 지역협의체를 대신하여 옹호 활동을 한다.
- 주 정부 공공 기관과의 파트너십을 조정한다.
- 지역협의체에 대해 교육과 기술적인 지원을 한다.
- 문서 조사 및 평가를 실시한다.
- 자원 동원 및 지역협의체 사업을 지원하기 위해 자원을 배분한다.

(6) 지역협의체와 관계 기관 네트워크 도표

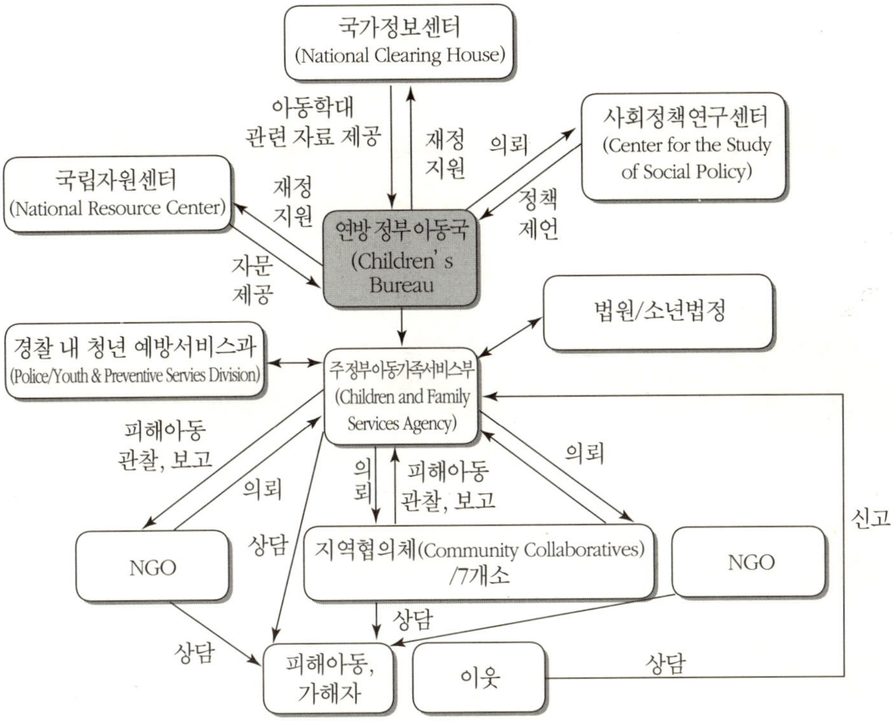

[그림 5-4] 워싱턴 D. C. 지역협의체 및 관계 기관 네트워크 도표

(7) 컬럼비아 하이츠/쇼 지역 가족지원협의체(Columbia Heights/Shaw Family Support Collaborative)의 예

워싱턴 D. C.에 구축되어 있는 7개소의 지역협의체 중 한 곳인 컬럼비아 하이츠/쇼 지역 가족지원협의체 사업에 대해 알아보자. 컬럼비아 하이츠/쇼 지역 가족지원협의체는 비영리 기관으로서 지역사회 내 50개 이상의 서비스 기관들, 지역주민 그룹들, 지역사회 지도자들로 구성되어 있으며, 1996년부터 사업을 시작하였다. 여기에서 활동을 하는 기관이란 아동 배치 기관, 학교, 교

회, 아동발달센터, 청소년 발달 기관, 거주자 및 세입자협회, 가족자원센터, 지역 개발 기관, 고용서비스 기관, 응급지원센터, 병원 및 개인 등을 말한다.

협의체의 사명은 지역사회 내의 아동과 가족들을 학대와 방임으로부터 보호하여 건강한 가족으로 성장하도록 돕는 것이다. 협의체는 컬럼비아 하이츠/쇼 지역에 살고 있는 가족과 아동들에게 서비스를 제공하며, 그것에 더하여 스페인어 기반의 서비스 기관이 없는 지역에 살고 있는 라틴계 가족들에게도 서비스를 제공한다. 협의체 사업은 주 정부 노동부, 아동가족서비스부 및 시장실의 라틴계 사업단으로부터 지원을 받고 있다.

| 표 5-5 | 컬럼비아 하이츠/쇼 가족지원협의체의 사업

사업 종류	사업 내용
가족서비스 (Family Services)	강점 강조 사업 방식(strengths based approach)을 채택하여 가족의 문제에 대한 해결책을 찾도록 돕는다.
정보 제공 · 의뢰 (Information and Referral)	가족들이 직업을 찾도록 도우며, 법률 지원을 하고, 의료인을 소개하며, 공적 부조를 받도록 돕는 등 워싱턴 D. C.의 메트로 지역에 있는 다양한 기관들과 접촉하여 가족들에게 정보를 제공한다.
사례관리 (Case Management)	주거 문제, 관리비 지불 문제, 학교 문제, 기타 다른 욕구가 있는 가정들을 돕는다. 사회복지사가 가정을 방문하여 가족의 욕구를 충족할 수 있는 계획을 수립하게 된다.
가족회의 (Family Group Decision Making)	협의체는 가족구성원들, 친구들, 지역사회복지서비스 제공자들 및 가족을 도울 수 있는 사람들을 모이도록 하여 가족들과 함께 가정 내에서 아이들을 보호할 수 있는 방법들을 찾는다.
무단결석방지 프로그램 (Truancy Court Diversion Program)	워싱턴 D. C.의 고등법원과 학교와 함께 일하면서 15일 이상 학교를 결석하는 아동들과 그 가족들을 돕는다.
주택서비스 (Housing)	월세, 보증금, 관리비 등 긴급자금을 지원받을 수 있도록 가족들을 도우며, 살 집을 찾을 때까지 가족이 머물 적절한 주거 시설이나 장소를 찾는 일을 돕는다.
가족모임 (Family Team Meeting Coordination)	주 정부 아동가족서비스부가 아동학대와 방임으로 인하여 위탁가정에 있는 아이들이나 위기에 처한 가족들을 대상으로 가족모임(family team meeting)을 개최하는 일을 함께 한다.

위기 개입 (Crisis Intervention)	위기에 처한 가족에 대해 긴급 지원을 하며, 아동과 가족들의 안전을 확보한다.
지역힘돋우기 (Community Building)	지역사회 능력 개발팀은 지역주민들과 지역사회가 힘을 얻도록 아웃리치 프로그램을 수행하는 책임을 가진다. 자녀를 갱단에서 구해내는 일, 여름 청소년 취업 프로그램 등을 실시한다.

사업 시작 후 7년이 지난 2004년 현재 30명의 직원이 활동 중이며, 주 정부의 아동가족서비스부와 직원을 상호 배치시키는 일을 주도하고 있기도 하다. 또한 3개소의 서비스센터를 운영 중이며 4개의 포괄적인 서비스를 새로이 수행하고 있다. 약 100만 달러(10억 원)의 자금을 보조금으로 분배하고 있다.

(8) 워싱턴 D. C. 지역협의체의 시사점

워싱턴 D. C. 지역협의체는 상기 아동보호 중심의 네트워크에서 "아동보호 관련 파트너십을 통한 사업 활동, 주 단위 또는 지역사회 단위에서 아동보호 관련의 기존 시스템을 향상시키거나 새로운 시스템을 구축하기 위해 기울이고 있는 노력들" 의 한 형태라고 할 수 있다. 이는 건강한 가족과 성장하는 지역사회 내에서 아동과 청소년의 건전한 육성을 도모하기 위하여 공공과 민간이 함께 협력하는 네트워크이다. 특히 학대와 방임 피해아동의 사례관리를 위하여 지역사회의 관련 기관들이 지역협의체 회원 단체로 들어와서 활발하게 서비스를 연계하고 있다.

워싱턴 D. C. 내에 있는 7개소의 지역협의체가 공통의 프로그램과 함께 지역사회 나름대로 특징 있는 프로그램들을 수행하고 있으며, 7개소 지역협의체를 총괄하는 협의회가 주 정부와 원활한 의사소통을 하고 있다. 각 지역협의체에 회원 단체 대표들로 구성된 이사회를 통해 의사결정 구조를 갖추고 투명한 운영에 힘쓰고 있다. 주 정부의 충분한 예산 지원으로 각 가정에 필요한 서비스를 연계함과 아울러 독자적인 프로그램을 운영하고 있으며, 네트워크 사무국이 운영되고 있다. 지역협의체 사무국에 충분한 코디네이터, 사회복지사를 채용하고 네트워크 업무를 전담하고 있어서 지역사회 내에서의 아동 및 청소년 사례관리가 확실하게 이루어지고 있는 점이 강점이므로 우리나라에 도입하면 유용할 것으로 생각된다.

3. 영국의 조기 개입 네트워크와 아동 관련 기관협의회

1) 영국의 슈어스타트(Sure Start)

(1) 추진 배경 및 경과

슈어스타트는 1997년 영국의 전체 재정 지출 보고서인 "영국 포괄적 지출 검토(The United Kingdom Government's Comprehensive Spending Review; CSR)"의 일부로 다뤄졌다. 보고서는 1997년 노동당 집권 이후 나온 것인데 정부 공공 재정의 사용 양상과 수준을 포괄적으로 조사하고 우선적 공공 지출을 개혁하기 위한 것이었다. CSR에 대한 검토 결과를 통해 1998년 7월 영국의 공공서비스 현대화 계획(Modernizing Public Services for Britain)이 도출되었는데 결론은 국방, 교통, 사회보장, 법무, 아동서비스 개별 부처에서 단독으로 빈곤가정의 문제를 해결하기가 부적합하다는 것이었다.

여기에는 영국 내에서 시도된 프로그램뿐 아니라 미국의 '헤드스타트(Head Start)'와 '페리 취학전 프로그램(Perry Preschool Program)'과 같은 프로그램에서 입증된 증거를 통해서 포괄적인 조기 아동 프로그램을 만들어서 개별적으로 상이한 아동의 삶을 고려한 맞춤형 서비스를 제공해야 한다는 내용이 포함되어 있다. 1998년 7월 14일 영국의 재무장관은 하원에게 예산 개요를 발표하면서 3세 미만의 아동과 그들의 부모들을 위한 양질의 서비스를 제공하는 슈어스타트 프로그램 계획을 보고하였다(Sure Start, 2002).

이로 인해 의회 기간 동안 250개 지역 프로그램이 만들어졌고, 정부가 이 사업에 향후 3년간 4억 5,200만 파운드를 지출하기로 하면서 사업을 본격화하였다(Sure Start, 2002). 이러한 와중에 2000년 2월 빅토리아 클림비(Victoria Climbie)라는 코트디부아르 태생의 8세 소녀가 이모와 그 동거남의 학대로 사망한 사건이 발생하면서 영국 아동보호체계의 실패에 대한 사회적 각성이 크게 일어났다. 정부는 사건 조사위원회 보고서를 토대로 2003년 의회에 "모든 아동은 소중하다(Every Child Matters)"를 제출하였다. 이 보고서에서는 기존 슈어스타트를 더욱 강화하여 새로운 아동센터를 통한 포괄적 · 통합적 서비스를 제공한다는 내용을 담고 있다. 이 보고서의 제안으로 모든 아동의 위험을 최소화하고 기회 제공을 최대화하는 서비스 시행에 대한 내용을 담은 아동법으로의 2004년 개정이 이루어졌다.

여기에는 아동담당국, 아동보호위원회, 아동서비스의 조사, 지방 정부의 아동서비스 계획 책임과 아동서비스 제공, 보육 등의 내용을 포함되어 있으며 특히 0~18세까지 아동과 청소년을 위한 모든 서비스에 대한 감사, 평가, 재검토를 의무화하고 있다.

(2) 슈어스타트의 목적

슈어스타트 프로그램은 정부 주도하에 아동빈곤으로 인한 사회적 배제를 퇴치하는 대표적인 정책이다. 슈어스타트란 빈곤층으로 열악한 환경에서 자라는 아동이 어린 시절에 인생을 확실하게(Sure) 출발하도록(Start) 돕는다는 의미이다. 이는 신노동당(New Labour' s Party)이 중심이 되어 시작한 것으로 생애 초기인 아동기의 박탈이 성인기의 사회적 배제로 이어진다는 논리에서 출발한 것이다.

어린 시절부터 교육에 주력함으로써 빈곤아동이 성인이 되었을 때 나타날 수 있는 학업 탈락, 비행 및 일탈, 실업, 십대 임신과 같은 문제를 예방할 수 있다는 것이다. 양질의 교육을 통해서 빈곤아동이 열악한 환경을 극복하고 성장하여 성인이 되어서 더 나은 삶을 살 수 있을 것으로 기대한다. 이는 어린 시절 개인의 인적 자본에 투자하면 그 아동이 건강한 성인으로 취업을 하고 자립하게 되어 결국에는 사회적 비용이 적게 든다는 사실에 바탕을 두고 있다.

모든 아동은 그들의 배경이나 환경에 관계 없이, 인생의 가장 좋은 출발을 할 가치가 있다는 것이 슈어스타트 프로그램의 기본적 신념이고, 이에 따라 모든 아동이 인생의 가장 좋은 출발을 할 수 있도록 보장하는 것이 이 프로그램의 궁극적 목적이다. 즉, 슈어스타트는 영국의 미래에 대한 투자인 것이다. 물론 영국은 미래에 투자하기 위해 이미 1998년에 국가아동보육전략을 수립하여 추진하여 왔다. 물론 당시에는 슈어스타트에 관한 언급이 없었으며, 아동보육 비용, 아동보육시설에 대한 접근성 등 아동보육의 전통적인 영역만을 다루고 있었다.

아동보육에 대해 슈어스타트(2003)에서 밝히듯 아동보육이 아동빈곤 문제 해결, 학교에서의 성취 증대, 부모의 탈빈곤 방법으로서의 노동 선택, 건강 증진, 범죄율 감소에 긍정적인 영향을 미치지만, 아동보육 정책만으로 그것을 이루기는 어렵다(NECC, 2002). 그 때문에 영국 정부는 1999년 1월에 슈어스타트의 첫 사업을 시작하였는데, 이는 기존의 국가아동보육전략을 확대 · 발전시킨 것이라 할 수 있다.

국가 전략으로서의 슈어스타트의 목적을 한 마디로 표현하면 '가족과 아동의 건강과 안녕을 증진시키는 것' 이다. 구체적으로는 첫째, 아동의 사회적 정서적 발달을 증진시키고, 둘째, 아동의 건강을 증진시키고, 셋째, 아동의 학습능력을 증진시키며, 넷째, 가족과 지역사회의 역량을 강화시키는 것이다(Sure Start, 2002). 또한 이 사업은 아동빈곤과 빈곤아동의 사회적 배제를 극복하기 위한 정부 정책의 초석이기도 하다.

높은 수준의 통합적 서비스를 통해 모든 아동들이 지역사회와 전체 사회에 기여하는 사회구성원으로 성장하도록 하는 것이 슈어스타트의 비전이다. 이 사업은 모든 아동, 특히 빈곤아동에게 보다 나은 결과를 가져다주고, 모든 부모에게 탈빈곤의 길인 노동 시장에 효과적으로 참여할 기회를 제공하고, 가족과 지역사회의 역량이 강화되는 결과를 가져다 줄 것으로 예상된다. 이로써 모든 지역사회에서의 범죄율 감소, 보다 높은 생산성, 보다 건강한 시민사회 건설이라는 궁극적인 결과를 보여 줄 것으로 기대하고 있다(Sure Start, 2003).

(3) 참여 기관 및 네트워크체계

아동과 관련한 11개의 부처들이 합동으로 프로그램 진행을 감독하기 위해 영국 정부는 부처 간 조정위원회(Inter-Departmental Steering Group)를 설치하였다. 이 위원회의 의장은 보건부장관이 맡고, 교육고용부, 환경교통부, 사회보장부, 문화부, 재무부의 부장관들과 주요 간부들이 위원으로 참여한다. 슈어스타트국은 새로이 만들어진 부처연합팀으로 교육고용부(현 교육기술부) 산하에 소속된다. 새 기구는 관련 부처에서 파견된 공무원을 중심으로 빠른 속도로 설치되고 있는데, 담당자는 일시적으로 근무하기도 하고 영구적으로 이 프로그램을 담당하기도 한다.

① 지역 중심의 슈어스타트 전달체계

슈어스타트를 수행하기 위한 지방 프로그램의 전달체계를 보면 첫째 작업은 지역사회 비영리 기관, 민간 기관, 보건 기관, 고용 기관 등 지역사회 관련

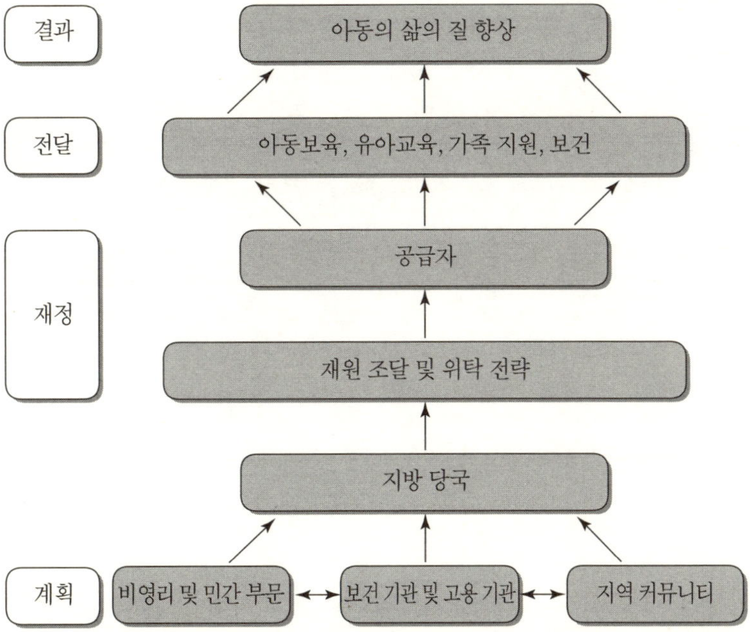

[그림 5-5] 지역 중심의 슈어스타트 전달체계

자원들의 참여하는 가운데 지역사회 계획을 수립하는 일이다. 이어 지방 당국은 이 계획을 확정 짓고, 다시 지역협의체와 함께 재정 조달 계획과 분배 전략을 수립한 후 각 서비스 공급자에게 재정을 배분한다. 공급자는 슈어스타트 재정을 통해 아동보육, 유아교육, 가족 지원, 보건서비스 등 아동과 가족에게 필요한 서비스를 전달하는 통합적 전달체계 시스템을 갖추고 있다.

계획과 수립에서 가장 중요한 역할을 하는 3개의 조직이 있다면, 지방당국과 지역사회협력체와 슈어스타트센터이다. 첫째, 지방 당국은 슈어스타트 전달을 위한 전략 수립, 자문과 협력, 전달체계에 대한 지지, 재정적 책임, 모니터, 아동발달을 증진하는 책임을 가지고, 둘째, 지역사회협력체는 그 지방의 슈어스타트를 실질적으로 이끌어 가는 역할을 한다. 셋째, 슈어스타트센터는 아동과 가족을 위한 직접 서비스는 물론 지역 전문가와 조직의 허브 역할을 수행하는 슈어스타트 프로그램을 전달하는 핵심적 역할을 수행한다.

② 슈어스타트 아동센터

슈어스타트 아동센터는 모든 지역사회에 슈어스타트 접근을 하고, 영유아가 있는 모든 가정을 지원하는 원칙으로 국가아동보육전략의 중요한 요소이다. 정부는 모든 지역사회에 1개 이상의 센터를 설치하여 모든 지역사회 관련 자원을 연계하여 지역사회 욕구에 대응하는 전달체계를 확보하고자 한다. 슈어스타트센터는 유아교육과 아동보육, 가족을 위한 서비스를 통합적으로 제공하는 원스톱(one-stop) 서비스 기관이다.

아동센터의 역할을 유아교육과 아동보육 그리고 시간제 보육을 기본으로 하여, 가족지원서비스, 아동정보서비스, 보건서비스, 학령기 아동을 위한 서비스, 전문가 지원서비스, 지역사회 참여서비스, 훈련 및 고용 기회를 제공하는 서비스, 방문서비스 등 자녀가 있는 가구에게 필요한 거의 모든 서비스를 총체적으로 제공하는 것을 기본으로 한다. 물론 지역 여건에 따라 슈어스타트 아동센터가 아동보육서비스를 직접 제공하지 않고 지역 내 다른 기관과 연계하여 운영할 수도 있다.

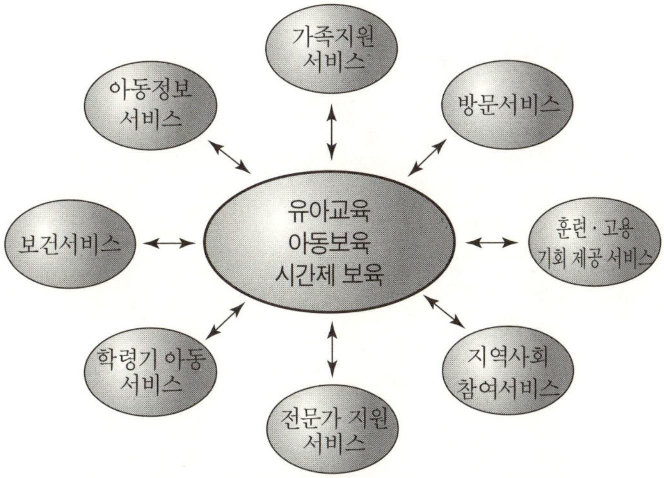

[그림 5-6] 슈어스타트 아동센터의 통합 프로그램 내용

(4) 슈어스타트의 주요 프로그램

슈어스타트는 철저하게 지방 정부의 참여로 사업을 추진한다는 성격을 갖고 있다. 지역주민의 욕구를 반영하지 않거나 지역주민과 조직들의 참여 없이는 슈어스타트의 목적을 이룰 수 없기 때문이다. 중앙 정부는 슈어스타트의 전반적인 계획 수립과 재정 지원, 지방 정부에 가이드라인을 제시하는 역할 등을 수행하지만, 실질적인 주도권을 지방 정부가 가지고 있다.

슈어스타트 프로그램은 크게 두 가지로 구성되어 있다. 모든 아동에게 유아교육을 제공하고, 더 많은 더 좋은 아동보육서비스를 제공하는 것이 하나이고, 다른 하나는 차별적인 지방 프로그램을 만드는 것이다. 전자를 위해서는 통합적 서비스, 3~4세 반일제 무상유아교육, 아동보육시설의 확충이 필요하고, 후자를 위해서는 취약 지역에 아동센터를 설치하고 차별적인 지방 프로그램으로 SSLP(Sure Start Local Program: 지역 슈어스타트 프로그램)를 운영해 나가야 한다.

SSLP가 지역의 욕구에 따라 다양하게 전개된다고 해도 몇 가지 프로그램은 반드시 포함되어 있어야 한다. 첫째, 아웃리치와 가정 방문서비스, 둘째, 가족과 부모를 위한 교육 · 훈련 및 고용 지원, 셋째, 아동들이 조기 놀이, 학습, 보육을 경험하도록 지원하는 것, 넷째, 가족 건강 및 아동의 건강 발달, 영양, 복지 혜택 등에 대한 도움과 조언을 포함한 1차 보건 및 지역 보건, 다섯째, 특별한 서비스에 대한 접근 지원이 포함된 특별한 욕구를 가진 아동과 부모에 대한 지원, 여섯째, 다양한 형태의 상담, 일곱째, 다양한 집단 조직화를 포함한 지역사회서비스 등이 그것이다.

또한 모든 SSLP는 슈어스타트 7대 원칙을 따르도록 되어 있다. 모든 프로그램에 원칙대로 실천할 것을 요구함으로써 지역사회 모든 활동에서 슈어스타트 정신을 공유할 수 있게 되었다. 슈어스타트의 7대 원칙은 다음과 같다.

① 부모와 아동 대상 2 세대 포괄 서비스

임신에서부터 14세까지 아동까지 대상으로 하며 장애아동의 경우 16세까지 포함한다.

② 모든 사람의 개별적인 욕구를 인정하는 서비스

가족간, 지역 간, 동일 가족 내에서도 시기별로 다른 욕구를 갖고 있기 때문에 모든 사람을 위한 서비스인 동시에 획일적이지 않아야 한다.

③ 융통성 있는 서비스 제공

모든 서비스는 접근이 가능하도록 설계되어야 하는데 예를 들어 운영 시간, 위치, 교통 문제, 가족 내 다른 아동에 대한 보육 등 측면에서도 그러하다. 한 번의 접촉으로 원하는 건강 및 가족 지원서비스를 제공받을 수 있도록 한다.

④ 가장 어린 시기에 중재 시작

아동과 부모를 위한 서비스는 최초의 임산부 건강 진단 방문에서부터 시작되어야 한다. 임신 중 건강에 대한 조언뿐 아니라 부모 교육, 출생 이후의 복직이나 취업에 대한 결정, 선택할 수 있는 보육서비스와 지원서비스에 대한 조언도 포함한다.

⑤ 수요자 관점의 투명한 서비스 제공

서비스의 비용 유무에 상관 없이 고객 중심의 서비스를 제공한다.

⑥ 전문가 협력을 통한 지역사회 중심 서비스 제공

아동과 가족에 관심 있는 모든 전문가들이 전문적 지식을 공유하고 서비스 제공에 앞서 지역주민의 의견을 경청한다.

⑦ 성과에 기반을 둔 서비스 제공

슈어스타트는 아동, 부모, 지역사회가 더 좋은 성과를 얻게 하는 핵심적인 목적을 갖고 있다. 정부는 관료제적인 관행을 줄이고 단순한 재정 집행을 통해 파트너들과 함께 연계한 접근을 강화하고자 한다.

슈어스타트는 통합된 서비스를 제공하는데, 여기에는 보육, 조기교육, 건강, 가족 지원서비스 등이 포함된다. 센터는 지역의 필요와 부모들의 욕구에 기반하여 지역마다 다양한 서비스를 제공하고 있다. 센터들은 서로 연계하여 정보를 주고받고 부모나 보육사를 지원하며, 보건서비스, 가족 지원, 취약 가족에 대한 취업 지원 등의 서비스를 제공하고 있다. 아울러 서비스를 제공하는 센터는 기존의 다양한 보육 관련 시설(SSLP(지역 슈어스타트 프로그램), 공보육시설, 조기영재센터)로부터 전환한 것이거나 새롭게 슈어스타트 아동센터를 설립하도록 되어 있다. 만약 기존의 시설들이 매우 성공적으로 운영되고 있다면, 센터가 이러한 시설들과 연계하여 협조적으로 사업을 하도록 하고 있다. 즉, 기존에 존재하는 시설을 최대한 활용하여 이러한 시설들을 센터로 전환하고 있는 것이다.

(5) 재정

영국 정부는 취약 지역을 중심으로 시작했던 이들 프로그램의 긍정적 효과에 힘입어 전 지역의 보편적 서비스로 확대할 계획을 수립하였고 현재 서비스 지역 확대 중에 있다. 슈어스타트는 2008년까지 2,500개 지역에서 프로그램을 실시할 계획이다. 성공적인 사업 수행을 위해서는 정부 예산이 뒷받침되어야 한다. 슈어스타트가 실시된 1999년 이후 현재까지 매년 상당한 정도의 예산 증가가 있었는데 1999～2000년에 약 2억 파운드였던 예산은 2005～2006년에 11억 4,000만 파운드 이상이 되어 5.5배 이상 증가하였다. 2007년도 예산이 한화로 약 2조 5백억 원이 넘는 규모이다.

| 표 5-6 | 슈어스타트 연도별 예산 (단위: 백만 파운드)

연도	'99～'00	'00～'01	'01～'02	'02～'03	'03～'04	'04～'05	'05～'06	'06～'07	'07～'08
예산	213	368	467	680	721	1,019	1,140	1,696	1,809

이전까지는 전액 중앙 정부 예산으로 충당해 왔으나 2006년부터 센터별 예산이 25%씩 삭감될 방침이어서 지방 정부 부담과 센터 자체적인 재원 조달을 위한 노력이 요구된다. 센터에서는 EU 펀드 등 주요 재단으로부터 기금을 받기 위해 지역사회와의 파트너십을 구축하고 있다.

(6) 평가 및 시사점

슈어스타트의 성공 요인으로 다음의 다섯 가지를 들 수 있다.

첫째, 지역사회 기반의 파트너십이다. 슈어스타트는 전적으로 지방자치단체, Primary Care Trust(PCT), 자발적 결사체(voluntary organization)를 중심으로 운영된다. SSLP, 유아 기관, 보육공급자, 지방 당국, 학교, 사회복지서비스 기관, 보건서비스 기관, 고용센터 등 모든 주체들이 아동들에게 보다 좋은 서비스를 공급할 수 있도록 협력하여야 성공할 수 있다. 따라서 슈어스타트국에서는 이러한 파트너십이 일어나도록 지역사회 계획을 지역 시설과 기관이 모두 모여서 하도록 구성하였다. 또한 프로그램은 다양한 기구와 입법 기구, 자발적 결사체가 합동으로 사업을 운영하도록 하였다.

둘째, 새로운 센터를 만드는 데 치중한 것이 아니라 기존의 기관이나 시설을 충분히 활용하도록 유도하였다. 각 지역에 슈어스타트 아동센터를 설치하여

이 기구를 중심으로 아동에게 필요한 서비스를 제공한다. 물론 슈어스타트 아동센터는 새로 설치된 경우도 있지만, 많은 경우 기존의 기구를 기반으로 해서 시설이 변경된 경우가 많다. 특히 지역 슈어스타트 프로그램, 지역 보육시설(neighbourhood nursery), 조기영재센터(early excellence centre), 공보육시설(maintained nursery school), 보건소(health centre), 자발적 민간센터(voluntary and private provision) 등이 슈어스타트 아동센터로 변경된 경우가 많다.

셋째, 사업이 확대되기 전에 SSLP를 작은 규모로 해 보도록 유도하고 이를 철저하게 평가하여 지원하였다.

넷째, 부모를 함께 지원하여 아동과 함께 부모도 성장할 수 있도록 구성하였다. 아동에게만 초점을 맞추다 보면 이 아동이 한 가족의 일원이라는 사실을 망각하기 쉽다. 빈곤아동에 대한 지원은 빈곤가족에 대한 지원과 동시에 이루어지는 것이 가장 효과적이다. 부모가 빈곤에서 탈출하면 아동도 그 혜택을 받기 때문에 부모를 위한 자활 지원 프로그램과 빈곤아동 지원 프로그램이 맞물려 제공되어야 하는 것이다. 부모 세대와 아동 세대, 이 2 세대를 연결하는 프로그램이 나와야 시너지 효과를 발휘할 수 있다. 2 세대에 대한 동시적 접근은 시너지 효과를 통해 빈곤부모의 경제적 자활 능력은 물론 양육 능력의 향상을 가져와서 아동 대상 프로그램에서 얻은 긍정적 효과를 지속시킬 수 있었다.

다섯째, 영국 정부는 서비스 전문 인력의 양성에 적극적으로 관여하고 있다. 보다 훈련된 아동 전문가를 양성하여 파견하였다. 보편적, 예방적 의미의 적극적 서비스는 그 서비스의 내용이 상대적으로 복잡하고 전문적이어서 서비스 전달이 전문 인력을 통하여 전달되어야 한다. 서비스 전문 인력의 양성과 확대 없이는 적극적이고 보편적인 서비스체계로의 변화는 불가능하다.

2) BAND(Bristol Association for Neighbourhood Daycare)

(1) 기관의 설립 및 목적

BAND는 브리스톨(Bristol)에 거주하는 한부모가족을 돕는 것을 목적으로 하여 1982년에 설립되어, 현재는 브리스톨 전체의 아동복지를 관리하는 기관으로 발전되어 운영되고 있다. 브리스톨은 백인 아동의 비율이 현저하게 낮은 다민족 지역이며 전통적인 농촌 지역으로서 빈곤 문제와 문화적 갈등이 심각한 지역이다. BAND는 지역사회의 이러한 특성에도 불구하고 아동을 위한 집단 보호를 가장 큰 목적으로 삼고 있으며 이를 위해 지역사회 내의 사회복지 기관 및 인력에 대한 컨설팅과 지원, 관리 역할을 한다.

(2) 기관의 조직 구조

BAND는 물리적으로는 사무실과 문구점(scrapstore)으로 구성되어 있다. 사무국 인력은 14명이고 문구점은 3명 정도의 직원이 관리하고 있다. 브리스톨 안에서 BAND의 지원 · 관리를 받는 회원 기관은 200여 곳이다.

(3) 기관의 주요 사업 및 프로그램

지방 정부로부터 권한을 위탁 받아 지역사회 내의 사회복지시설에 대한 서비스 질 평가, 관리, 재정 지원을 조정하고 관리하는 역할을 하고 있다. 집단 보호를 발전시키고 있다. 지역 내 모든 아동 관련 사회복지 기관은 BAND에 소속되어야 하며 6개월 동안은 월 1회, 1년 이후에는 연 1회의 기관 관리를 받아야 한다.

BAND에서는 OFSTED라는 방과후보호국가표준(National Standard for Out of School care) 관리 시스템을 두어 모든 방과후 시간 동안의 아동보호를 하는 시설에 대한 평가 관리가 가능한 서비스 질 확보를 위한 실무자 교육 프로그램을 제공한다. 교육 프로그램의 목적은 실무자들의 서비스 질에 대한 국가적인 평준화를 위한 것이다. 그리고 실무자들을 위해 아동복지서비스와 관련된 정보를 제공한다. 또한 사회복지 기관에 대한 재정적 투자 및 컨설팅과 지역사회 내의 인력들이 구인 · 구직을 할 수 있도록 돕는다. 그리고 아동에 대한 과거의 사건 기록 등을 관리하여 범죄의 재범률을 낮추도록 한다.

(4) 기관의 재정 구조

브리스톨 지방 정부로부터 재정을 지원 받아 운영하며 사업의 내용에 따라 다른 단체의 지원도 받는다.

(5) BAND 사업 의의 및 평가

① 지역사회 내의 아동복지서비스 관리 권한 확보

BAND는 브리스톨 내에서 운영되고 있으며 지방 정부의 지원을 받아 운영하는 모든 기관에 대한 관리 권한을 가지고 있다. 이것은 아동복지서비스 질의 일정한 수준을 확보하기 위해서 필요한 강제성이다.

② 아동복지서비스에 대한 구체성

20여 권에 달하는 아동복지서비스에 매뉴얼이 개발되어 시설 운영과 인력 관리, 프로그램 운영에 대해 구체적인 항목들이 제시되어 있다. 이 매뉴얼은 아동복지서비스를 제공하는 각 기관에서 서비스 기준으로 사용되며 동시에 기관 평가에 대한 근거로서 사용될 수 있다. 매뉴얼의 구체적인 지침들을 통해서 각 아동복지 기관들이 좀 더 구체적으로 자신들의 역할과 기능에 대해 이해하고 실천할 수 있을 것으로 보인다.

③ 아동복지 기관 서비스, 인력의 전문성 지원

BAND는 아동복지 기관의 서비스와 관리 인력 확보를 위해 실무자 교육, 기관 방문을 통한 서비스 내용 검토, 각 기관에 대한 컨설팅, 재정적 도움 등의 방법을 동원하고 있다. 특히, BAND 사무국에서 일하고 있는 직원들이 아동복지 기관에 대해 정확하게 평가하고 컨설팅하기 위해 분야별로 영역을 구분하여 조직적이고 전문적으로 일하고 있는 것이 특징적이다.

④ 문구점 운영의 독특성

지역사회 내에 위치한 scrapstore라는 문구점은 문구류와 미술 용품을 판매하는 곳이다. 기부를 통해 지원받은 물품들을 비치하여 지역 내의 아동복지 관련 단체에 판매하거나 개인들에게 판매하여 수익을 남긴다. 이 문구점은 약 1,200곳의 수요처를 갖고 있으며 저렴한 가격, 정당한 판매, 창의적인 물품의 제공을 통해 특히 치료를 위해 사용될 수 있는 미술 용품을 중점적으로 비치하고 있다. 한편 문구점 앞 게시판에는 지역사회 내 아동복지 기관과 인력들이 자율적으로 구인 · 구직할 수 있는 공간이 마련되어 있다.

3) 4Children

(1) 물리적 환경

런던 외곽에 위치한 빌딩 2층에 사무국이 자리 잡고 있다. 비교적 새 건물로 넓고 쾌적한 환경에서 56명 정도의 직원이 근무하고 있다.

(2) 연혁

① 설립 동기 및 배경

수년 전에 영국에서 여러 복지서비스에 연결되어 있던 한 소녀가 10개월에 걸쳐 가정 내에서 폭력을 당하다 사망하는 일이 발생하였다. 영국은 이 소녀의 죽음에 매우 큰 충격을 받았다. 그에 따라 소녀의 사망 원인을 밝히기 위한 철저한 조사가 정부와 아동 관련 학계를 중심으로 실시되었다. 그 조사 결과가 바로 "빅토리아 보고서" 인데 그 보고서는 소녀의 사망 원인을 아동보호와 관련된 여러 복지서비스들이 개별화 · 분절화되어 어느 한 부분이 중복되거나 결여된 보호서비스를 제공하였기 때문으로 지적하였다. 이에 따라 정부는 아동보호와 관련된 서비스를 조정하고 통합할 수 있는 조정 기관을 설립하게 되었다. 그것이 바로 '4Children(아동보호통합센터협회)' 이다.

② 기관의 연혁

2004년에 정부에 의해 '아동보호를 위한 10년 전략' 에 기반하여 설립되었다.

(3) 목적

의료, 건강, 안전, 아동센터(children' s center: 미취학 아동보호), 학교, 방과후 학교(extended school) 등 아동보호와 관련한 기관들을 네트워킹하여 지역사회 내 모든 아동과 가족에게 통합적인 서비스를 제공하도록 지원하는 것이다.

(4) 주요 사업 및 프로그램

4Children은 아동, 청소년 그리고 부모들을 위해 컨설턴트를 한다. 먼저 욕구를 확인하고, 필요한 서비스 접근의 장벽과 장애물들을 탐색하고, 서비스 프로파일을 작성하고 아동 · 청소년 · 부모들을 위한 새로운 서비스 계획을 세운다. 중앙 정부, 지방 정부, 기관의 고용주에 의한 아동보호서비스들이 널리 확장되자 제공된 서비스들의 효과성과 효율성이 강조되고 있다. 따라서 4Children은 다양한 아동보호서비스들을 모니터링하고 평가하는 역할을 하고, 아동보호를 위한 보다 수준 높은 전략들을 재검토하고 수립한다. 그 내용으로는 새로운 변화 아젠다를 만들어 내고, 표적 대상을 위한 서비스 전달 과정을 향상시키며 전망 있는 전달체계를 추천하는 것이다.

또한 아동보호 기관들의 모금 전략, 사업 계획 등에 대한 컨설팅을 제공한다. 이는 아동보호 기관들이 지속가능한 전략을 가지고 중앙 정부, 지방 정부, 고용주들을 설득하여 적절한 비용을 가지고 사업을 할 수 있도록 돕는 중요한 열쇠이다. 4Children은 자원봉사 조직, 학교를 통한 직접적인 서비스를 제공한다. "모든 아동은 소중하다(Every Child Matters)"라는 문구는 아동을 위한 변화는 아동서비스와 관련된 다양한 기관들 간의 파트너십의 중요성을 강조하는 표어이다. 따라서 4Children은 아동 안전, 건강, 교육 등 다양한 영역의 아동보호 기관들이 서로 협력할 기회들을 만들고 서비스들을 조정할 수 있도록 협력체계를 구축하기 위해 노력한다. 실제적으로는 아동과 관련한 통합서비스를 제공하는 아동보호통합센터를 지역사회 내에 두고 운영하는 것이다. 기존의 아동서비스와 차별화되는 점은 미취학 연령부터 16세까지 모든 아동들이 통일성 있는 지속 가능한 서비스를 받을 수 있도록 연계하는 것이며 교육,

건강, 안전, 부모 교육 등 아동에 관련된 다양한 서비스들이 이 아동센터를 중심으로 연계하여 통합서비스 제공이 가능해지도록 하는 것이다. 이 아동센터는 학교 안에 둘 수도 있고 여러 학교를 엮어 낼 수 있는 곳에 독립적인 센터 건물을 새로 둘 수도 있다.

중요한 것은 이 센터를 중심으로 학교, 아동센터, 방과후 학교 등 아동 관련 기관들이 네트워크 의료, 보건, 교육 등 다양한 서비스들이 통합적으로 제공될 수 있도록 하는 것이다. 4Children의 아동보호통합센터에서는 의사, 산후도우미, 간호사, 교사, 아동센터장 등 아동 관련 전문가들이 네트워크체계를 형성하여 정기적인 회의를 개최하고 있다. 서로 아동 · 부모 · 지역사회에 대한 정보를 공유하고 아동들을 잘 돌볼 수 있는 방법이나 전략을 의논하고 있다. 이런 과정을 통해 아동보호 안전망을 형성하고 장애아동, 빈곤아동 등 고위험 아동들을 어렸을 때부터 적당한 나이가 될 때까지 안전하게 보호하고 건전한 성장을 도모하겠다는 것으로 이해할 수 있겠다. 2010년까지 오전 8시부터 오후 6시까지 1년 내내 운영되는 지역사회 내 학교를 운영한다. '아동센터' 를 중심으로 취학전 아동에게도 모든 서비스를 제공한다. 12만 개의 아동보호 공간을 마련하고 보육사를 두어 아동보호서비스를 제공하는 데 센터가 자생력을 가지며 서비스 비용을 절감하도록 하여 접근성을 높인다.

(5) 재정 구조

4Children은 정부에서 재정적 지원을 받고 있는 것으로 보이며, 각각의 아동보호통합센터는 지방 정부의 지원을 받고 있다. 특이한 것은 센터의 사업비 중 일부가 아동보호와 관련된 각 기관들의 협의회에서 우선적인 사업을 선정하여 예산을 마련하고 사업을 진행하는 데 사용된다. 한편으로는 부모들의 근로를 장려하기 위하여 센터 이용료를 받고 있다.

(6) 지역사회와 특성

4Children 자체는 지역사회에 기반을 둔 기관이 아니고 협회의 성격을 가지

고 있어 지역사회의 특성을 말하기 어렵다. 하지만 4Children의 목적을 지역사회 내에서 실현하고자 운영되는 아동보호통합센터는 대부분 빈곤 지역, 아동보호가 필요하다고 생각되는 지역에 우선적으로 설립하는 것으로 이해된다.

(7) 평가

4Children은 실질적인 서비스를 제공하는 곳이 아니라 협회(네트워크 형식) 성격을 가지고 있다. 4Children이 지역사회에 아동보호통합센터를 설치하여 사업을 진행하고 있다고 이해하였는데 학교 안에서 할 수도 있고 독립된 센터로 세워질 수도 있다고 하는 점이 모호하다. 그렇다면 기존의 일차적인 아동보호센터(미취학 아동보호, 학교, 방과후 학교 등)들을 어떻게 엮어 낼 수 있다는 것인지 분명하지는 않다. 아직 사업이 초기 단계라 각 단위들의 역할이 정확히 나누어져 있지는 않지만 각 아동센터들 간의 네트워크가 핵심 기능을 가지고 있다.

4. 외국 사례의 시사점

아동 · 청소년 지원을 위한 외국의 네트워크 사례에는 여러 가지 다양한 형태들이 존재하고 있었다. 일본은 네트워크 연구회가 견학을 목적으로 직접 방문하여 확인한 사례이며, 그 밖의 나라들은 연구자가 업무와 관련하여 개별적으로 견학하거나 관련 자료를 통하여 정리한 결과이다.

일본에서는 요보호아동대책 지역협의회인 '도쿄도 미타카시 아동가정지원 네트워크' 와 오사카시 니시나리구 '우리동네 니시나리 자녀양육 네트워크' 를 살펴보았다. 미국의 사례로서는 '아동보호를 위한 파트너십' 과 '워싱턴 D. C. 지역협의체' 를 살펴보았고, 영국의 실례로서는 'Sure Start' 'BAND' '4Children' 을 살펴보았다. 이렇게 전체 7개 사례를 통하여 아동과 청소년 지원을 위한 다른 나라의 네트워크 현황과 우리에게 주는 시사점을 분석해 보았다.

미타카시는 급증하는 아동학대 사례에 대한 대응을 위해 '요보호아동대책 지역협의회 구축'이라는 중앙 정부 차원 정책을 도입하면서 기존의 아동가정 지원센터 내에 사무국을 설치하고 상설 네트워크 조직인 아동가정지원 네트워크를 만들게 되었다. 상담과 관계 기관 연계와 같은 아동가정총합사례관리 사업, 아동가정 재택서비스, 지역조직화 사업 등 아동가정지원센터 사업 자체가 지역사회 내 관련 기관들과 주민을 대상으로 하는 코디네이션 및 네트워킹 사업이다. 아동가정지원센터가 구심점이 되어서 복지, 보건, 교육 등 지역사회 내 관련 기관들의 네트워크 시스템을 구축하고, 요보호아동 발생 시 실무자 중심의 사례 검토 회의 및 실무담당자 회의, 네트워크 대표자 회의 등을 개최, 심각한 사례의 아동은 아동상담소로, 경미한 사례의 문제는 지역사회 내에서 해결한다.

일본에서 요보호아동대책 지역협의회를 제도화하여 강력하게 추진하는 이유 중 하나는 늘어나는 아동학대를 예방하고 조기에 개입하고자 하는 것이다. 그러나 전문적 인력을 추가 배치하지 않고 간단한 교육을 통해 시정촌의 공무원들이 1차 스크린, 상담을 시행한 뒤 아동상담소로 의뢰하는 전달체계를 만들었기 때문에 아동가정지원센터 공무원들의 업무 부담과 업무 과중이 우려된다.

니시나리 네트워크의 목적은 자녀양육과 관련된 많은 사람들이 모여서 "아동의 권리, 아동의 성장할 힘과 아동을 성장시킬 힘, 아동을 지지하는 힘을 지원하는 활동"을 모두가 함께 하기 위해서 자녀양육 네트워크를 넓히는 데 있다. 네트워크에 소속된 회원들은 매달 1회의 회의를 통해 아동학대 사례, 아동빈곤, 아동질병에 대한 논의를 하며, 아동에게 문제가 발생하였을 경우 지역 내에서 문제를 해결할 수 있도록 지원하고 있다. 주요 사업은 자녀를 양육하는 가정 지원 활동, 자녀양육 강좌 및 모임 개최, 자녀양육에 관한 욕구 파악과 문제 해결, 아동학대 방지를 위한 활동, 자녀양육모임 육성과 지원 활동이다. 자녀양육 네트워크는 정부 차원의 정책이 본격적으로 도입되기 이전에 이미 지역사회 내 가정과 주민들의 자조모임 형태로 자생적으로 시작되었다는 특징이 있다. 10여 년 이상의 경험을 축적한 이러한 자조적인 네트워크가 정부 정책의 도입으로 인하여 구조화 · 활성화되었다고 할 수 있다.

소자화 시대에 돌입한 일본은 저출산 문제 해결 방안의 하나로 양육 지원 및 육아 불안에 의한 가정 내 아동학대를 방지하기 위한 정부 차원의 정책으로서 네트워크 사업을 도입하였다. 따라서 아동 · 청소년 관련 단체들의 업무 협조 또는 지원 차원의 네트워크에서 시작되기보다는 자녀를 양육하는 데 적합한 지역사회 만들기에 더욱 초점이 맞추어져 있다.

미국의 아동보호를 위한 파트너십은 1997년 10월 아동보호 백악관 회의를 통해 공공과 민간의 파트너십을 통한 아동보호를 위한 노력을 시작한 이래 많은 주와 지역사회가 아동보호 파트너십 프로젝트에 참여하고 있다. 아동보호 파트너십이란 지역사회 구성원들, 정부 기관들과 민간 부문 기관들이 함께 참여하여 해당 주나 지역사회의 아동과 그 가족들의 욕구를 해결하기 위해 필요한 능력을 향상시키고자 함께 하는 것을 말한다. 아동보호 관련 파트너십을 통한 사업으로는 아동보호의 질적 향상 도모, 양질의 아동보호서비스 공급 증대, 고용주들(기업체)을 위한 사업, 아동보호 관련 비용 확보, 아동보호 관련 기존 시스템 향상 및 구축이다. 아동보호를 위한 파트너십은 공공과 민간이 협력체계를 구축하고 구성 주체들이 동등한 파트너로 함께 일하며, 사업 수행에 필요한 자원(시간, 돈, 기술)을 의무적으로 제공하며 필요한 의사 결정과 관리에 대한 책임을 함께 한다. 협력체계가 제 기능을 발휘하기 위해서는 독립적인 유형(비영리 기관화 등)이 필요하고, 체계 유지를 위한 다양한 자원이 공공 및 민간으로부터 조달되어야 한다.

위싱턴 D. C. 지역협의체는 미국 연방 정부가 1993년 「가족보존 및 지원법」을 제정하면서 지역사회 내에서 아동과 가족의 욕구를 충족시킬 수 있도록 지방자치단체를 중심으로 지역사회에 기반을 둔 서비스 개발의 필요성이 대두되면서 위싱턴주 정부가 건강한 가족과 지역사회 내 아동 · 청소년의 건전한 육성을 도모하기 위하여 공공과 민간이 함께 협력하는 네트워크인 지역협의체를 구성한 것에서 비롯되었다. 지역협의체는 이미 발생한 아동학대 사례 및 고위험 가족을 대상으로 지역사회 파트너들과 네트워크를 구성, 지역사회 서비스를 제공 · 연계한다. 워싱턴 D. C. 내에 있는 7개소의 지역협의체가 공통의 프로그램과 함께 지역사회 나름대로 특징 있는 프로그램들을 수행하고 있으며, 7개소 지역협의체를 총괄하는 협의회가 있어서 주 정부와 원활한 의사소통을 이루고 있다. 각 지역협의체가 실시하는 프로그램으로는 가족 안정화, 정보 제공 및 연계, 사례 지원 서비스, 청소년 사후 지도, 지역사회 능력 향상, 아버지 지지 프로그램, 폭력 예방 프로그램, 청소년 무단결석방지 프로그램이 있다. 각 지역협의체는 회원 단체 대표들로 구성된 이사회가 의사결정을 하며, 주 정부의 충분한 예산 지원으로 지역협의체 사무국에 연계 · 조정 담당자를 채용하여 아동 및 청소년 대상의 통합적 서비스 지원을 통한 효과적인 사례관리를 실시하고 있다.

영국의 슈어스타트 프로그램은 정부 주도하에 아동빈곤과 빈곤아동의 사회적 배제를 퇴치하는 대표적인 정책으로, 모든 아동이 인생의 가장 좋은 출발을 할 수 있도록 보장하는 것이 목적이다. 중앙 정부는 슈어스타트의 전반적인 계획의 수립과 재정 지원, 지방 정부에 가이드라인을 제시하는 역할 등을 수행하지만, 실질적인 주도권을 지방 정부에 주고 있다. 슈어스타트 프로그램은 모든 아동에게 유아교육 · 아동보육 서비스를 제공하는 것과 차별적인 지방 프로그램인 SSLP로 구성된다.

슈어스타트의 7대 원칙은 부모와 아동 대상의 2 세대 포괄 서비스 제공, 모든 사람의 개별적인 욕구를 인정하는 서비스 제공, 융통성 있는 서비스 제공, 가장 어린 시기에 중재 시작, 수요자 관점의 투명한 서비스 제공, 전문가 협력을 통한 지역사회 중심 서비스 제공, 성과에 기반을 둔 서비스 제공이다. 지역사회에 기반을 둔 파트너십으로서 기존의 기관이나 시설을 활용하여 아동과 함께 부모를 지원하여 부모의 성장을 도모하며, 서비스 전문 인력 양성에 적극적으로 대처하고 있다.

BAND는 브리스톨 지역 전체의 아동복지를 관리하는 기관으로, 아동을 위한 집단 보호를 가장 큰 목적으로 삼고 있으며, 지방 정부로부터 권한을 위탁

받아 지역사회 내의 사회복지기관 및 인력에 대한 컨설팅과 지원, 관리의 역할을 한다. 브리스톨 지역에서 BAND의 지원, 관리를 받는 회원 기관은 200여 개소이며, 지방 정부의 권한을 위탁 받아 지역사회 사회복지시설에 대한 서비스 질 평가, 관리, 재정 지원을 조정 및 관리하는 역할을 한다. 실무자를 대상으로 교육 프로그램 및 아동복지서비스 관련 정보를 제공하며, 지역사회 내의 인력들이 구인 · 구직할 수 있도록 돕고 있다. 기부를 통해 지원 받은 물품들을 비치하여 지역 내의 아동복지 관련 단체 및 개인에게 판매하여 수익을 남기는 문구점을 운영한다. 모든 아동 관련 사회복지 기관이 소속되어 있는 BAND는 지방 정부로부터 지역사회 내 아동복지서비스를 관리하는 권한을 이양 받아 확보하고 있으며, 아동복지서비스에 관련된 매뉴얼의 개발, 관련 기관 인력의 전문성 확보를 위한 교육 등을 실시한다.

4Children은 전국적인 비영리 자선단체로 협회(네트워크 형식) 성격을 가지고 있으며, 방과후 학교, 아동센터 등 아동보호와 관련한 다양한 기관들을 네트워킹하여 지역사회 내 모든 아동과 그 가족들이 통합적인 서비스를 제공받는 것이 가능하도록 지원하는 것이 목적이다. 아동 · 청소년, 부모의 욕구를 확인하고 서비스 계획을 세우며, 자원봉사 조직과 학교를 통해 직접적인 서비스를 제공한다. 또한 다양한 아동보호서비스를 모니터링하고 평가하는 역할을 하며, 아동보호 기관들의 모금 전략(fundraising strategy), 사업 계획 등에 대한 컨설팅을 제공한다. 더불어 아동보호 전략을 재검토하고 수립하는 역할을 한다. 슈어스타트가 미취학 아동 중심인 것에 비해, 4Children은 취학 아동에 대한 방과후 보호를 중심으로 4개의 모델 센터를 직영하면서 관련 기관들의 업무 지원 및 서비스 연계를 하고 있다. 슈어스타트와 같은 맥락의 4Children은 19세 이하의 아동에 대한 서비스 연계 및 부모 교육, 종사자 교육, 세미나 개최와 정부 정책을 현장에 실현하는 아동보호를 위한 네트워킹 사업이다.

우리나라의 경우 1차 서비스 기관들은 다양하게 존재하나, 인력 부족과 자원 및 예산 부족으로 개별 사례에 대해 충분한 서비스를 제공하지 못하고 있는 현실이다. 게다가 2차 및 3차 서비스 기관들과의 공식적인 네트워크도 구축되지 않았기 때문에 통합적 서비스 지원에 대한 욕구가 끊임없이 제기되어 왔다. 외국의 사례를 살펴보면서 우리의 상황에 적용할 수 있는 것은 없는지 생각해 볼 수 있다.

일본은 관련 기관, 가족, 지역주민들의 자조모임에 기반을 둔 네트워크에서 출발하여 지금은 육아 불안 해소 및 양육 지원, 가정 내 아동학대 방지를 위해서 정부가 주도하는 공식적인 네트워크로 자리매김하게 되었다. 지역 기반의 자조적인 조직이 법적 근거를 갖추고 네트워크체계를 공식화하였다는 점은 바람직하다. 하지만 기존의 공무원 인력을 활용하기 때문에 전문 인력 부족과 업무 과중이 우려되는 점은 우리나라의 상황에 도입해서는 안 된다고 판단된다.

미국의 사례에서 본 아동보호를 위한 파트너십은 네트워킹의 실제 사례이기보다는 공공과 민간 네트워킹의 원칙과 활동에 대한 기본 매뉴얼이라고 할 수 있다. 워싱턴의 예는 주 정부의 예산 지원에 의하여 지역사회 내의 아동 관련 기관들이 회원 단체로 참여하여 이루어진 네트워크로서, 이사회에 의한 통제가 이루어지는 등 지역주민들의 실제적인 참여에 의한 네트워크체계라고 할 수 있다.

영국의 슈어스타트는 아동빈곤의 사회적 배제를 퇴치하고자 하는 대표적인 정책이다. 조기 개입에 의한 모든 아동의 공정한 출발을 보장하고자 하는 정부 주도 네트워크 사업으로, 우리나라의 위스타트나 희망스타트의 모델이 되는 네트워크 사업이다. BAND는 200여 개의 회원 기관들이 속해 있으나 엄밀한 의미에서 보면 네트워크 사업이라기보다는 지방 정부의 위탁에 의하여 아동 관련 기관들의 관리 감독, 평가 및 교육 업무를 맡고 있는 기관이다. 일종의 아동 관련 기관들의 협회 차원의 조직이라고 할 수 있을 것이다. 4Children은 아동 관련 기관들, 즉 방과후 학교, 아동센터 등 아동보호 업무를 실시하는 기관들의 네트워크를 담당하는 전국 차원의 비영리 조직으로서 협력체계가 독립적인 유형의 구조를 가진 좋은 예라고 할 수 있다.

아동 · 청소년 지원을 위한 우리나라의 전문 네트워크를 구축하기 위해서는 향후 근거 법의 마련과 함께 네트워크의 기본 단위를 어떻게 할 것인지, 정부의 예산 지원을 받으면서 독립된 법인격을 갖출 것인지, 기존의 기관들 중에서 네트워크를 활발하게 진행하는 기관을 지정할 것인지, 그리고 어떠한 범위의 기관들이 네트워크에 참여할 것인지에 대한 결정이 이루어져야 할 것이다.

제6장

아동 · 청소년복지 네트워크 모형의 개발

1. 아동 · 청소년복지 네트워크센터의 기본 구도
2. 아동 · 청소년복지 네트워크센터 모형
3. 아동 · 청소년복지 네트워크센터의 가상 적용 예

제6장

아동 · 청소년복지 네트워크 모형의 개발

1. 아동 · 청소년복지 네트워크센터의 기본 구도

1) 네트워크센터 구축의 의의

현재 아동 · 청소년을 위한 지역 기반의 사업이나 기관들이 확대되고 있으나, 기본적으로 아직 그 양과 질이 부족한 상태이며 나아가 통합적이고 전문적인 네트워크만을 위주로 하는 기관은 부재하다.

하나의 시 · 군 · 구 내에 아동 · 청소년복지 관련 기관은 평균적으로 지역아동센터는 10여 개소, 보육시설은 100여 개소 정도에 그치며, 하나의 시 · 도내에 아동보호전문기관은 2개소, 아동상담소는 1개소, 아동양육시설은 15개소 정도에 그치고 있다. 그 외에 아동 문화, 오락 등을 담당하는 민간 인프라가 존재하는 정도이다. 또한 아동 · 청소년을 위한 전문 인력도 부족 또는 부실하여 전문 네트워크를 구축함에 있어 실질적인 전문 프로그램의 공급 능력도 매우 부족한 상태이다.

따라서 아동 · 청소년을 위해 지역 내의 인적 자원을 연계하고 필요시 전문 인력 자체를 보유하여 전문 프로그램을 공급할 수 있는 상시적인 센터의 설치 필요성이 대두된다. 이때 네트워크센터는 다음과 같은 기본 역할을 수행하는 것으로 할 수 있다.

- 아동 · 청소년 관련 정보의 공유
- 아동 · 청소년 관련 기관 간의 연계 사업 또는 공동 사업 전개
- 지역아동센터와 같은 소규모 아동 · 청소년 관련 기관들에 대한 자원 연계 서비스
- 1차 기관에서 의뢰한 고위험군 아동에 대한 사례관리
- 아동 · 청소년을 위한 지역 내 전문 인력 집단의 형성
- 지역 현실에 따라 확보가 용이치 않은 전문 인력(예, 전문심리상담가 등) 직접 보유, 전문 프로그램 시행

2) 네트워크센터 구축의 기본 방향

(1) 지역적 특수성

네트워크센터 구축은 획일적인 방식으로 하기보다는 지역적 특수성을 반영해야 한다. 지역별 특성에 따라 신실된 기관을 중심으로 지역네트워크를 구축할 수도 있고, 기관 간 협의회를 통해서 구축할 수도 있다. 어떠한 방식을 취하든지 공적 영역이 네트워크의 구축자로서의 기능을 담당해야 한다.

네트워크센터를 신설하면 큰 규모의 기관이 다양한 서비스를 일괄적으로 제공할 수 있기 때문에 서비스의 완결성을 보장할 수 있다는 장점이 있지만 막대한 비용이 소요되는 단점이 있다.

반면 협의회를 통해 개별적으로 운영하는 기관들을 연계해서 통합적으로 서비스를 제공하면 기존의 인프라를 충분히 활용할 수 있기 때문에 일시에 많

은 비용이 투입되지 않아도 된다는 장점이 있다. 그러나 개별적으로 운영되던 기관들을 마치 한 기관에서 운영하는 것처럼 통일성 있게 운영하기 위해서는 개별 기관 차원에서 기존의 운영 방식을 수정하여 융통성 있게 운영해야 하는 어려움이 예상된다. 이를 위해서는 일정 기간 동안 있을 기관 내부의 변화에 대한 저항, 시행착오 등의 문제를 극복해야 한다.

(2) 통합성

새로운 기관의 신설이든 기관 간 연계든 무엇을 통해 서비스를 제공하더라도 중심화된 공급체계를 유지해야 하고 서비스는 통합적으로 제공되어야 한다. 지역사회 내 서비스 기관들을 효과적으로 연계한 아동 · 청소년복지서비스 지역네트워크는 네트워크센터나 지방자치단체 주도의 유관 기관협의회를 중심으로 집중화된 네트워크 구조를 형성해야 한다. 그 형태가 어떠하든 상관없이 지역 단위에서 지자체가 연계의 중심이 되어 기존 아동 · 청소년복지서비스를 수행하고 있는 다른 센터와 기관들을 조정할 수 있도록 지자체에 실질적인 권한을 부여하는 것이 필요하다.

또한 동일한 빈곤아동이라 하더라도 이전 가정 상황이나 이후 전망이 사례마다 각각 다를 것이다. 따라서 효과적인 문제 해결을 위해서는 이들에게 개인별로 적절한 맞춤형 서비스가 제공되어야 하고 이를 위해서는 사례관리가 필수적이다.

(3) 즉시성

필요한 서비스를 즉각적으로 제공할 수 있는 지역네트워크를 구축하도록 한다. 위기 집단에게는 그들이 요구하는 서비스가 즉시 제공되어야 한다. 왜냐하면 그러한 요구가 지연될 경우 또 다른 더 큰 위험 상황에 빠질 염려가 있기 때문이다.

이를 위해 위기 상황에 긴급히 출동하여 도움을 줄 수 있는 긴급 구조 기능과 상담 욕구가 있지만 방문 상담에 익숙하지 않은 개인을 찾아가 필요를 파악하고 적절한 도움을 줄 수 있는 적극적인 아웃리치 프로그램 개발 · 운영이 필요하다.

(4) 편리성

필요한 서비스를 편리하게 이용할 수 있는 지역네트워크를 구축하도록 한다. 다양한 서비스 제공 기관을 확충하여 위기 집단이 언제 어디서나 손쉽게 도움을 요청하고, 필요한 서비스를 편리하게 이용할 수 있어야 한다.

이를 위해서는 위험 상황에서도 쉽게 기억할 수 있는 긴급 전화와 같은 통합 전화망이 필요하며, 필요한 서비스를 편리하게 이용할 수 있는 위치에 서비스 제공 기관이 설치 · 운영되어야 할 것이다. 또한 가능한 이러한 서비스가 한곳에서 처리될 수 있는 제공체계가 마련되어야 한다.

(5) 지속성

필요한 서비스가 지속적으로 제공될 수 있는 지역네트워크를 구축한다. 위기 집단의 경우는 한 번의 서비스 제공으로 문제가 해결되지 않는다. 따라서 다양한 종류의 서비스 제공과 함께 위기 상황에서 벗어나 안정을 찾을 때까지의 지속적인 서비스가 일관되게 제공되어야 한다. 지속적인 관심과 일관성을 가지고 서비스를 제공할 수 있는 사례관리체계가 필요하다.

(6) 책임성

책임의식을 가지고 질 높은 서비스가 제공될 수 있는 지역네트워크를 구축한다. 대상자가 요구하는 다양한 서비스를 제공하되 질 높은 수준의 서비스가 제공되어 만족감을 높일 수 있는 체계를 구축할 필요가 있다.

특히, 위험 상황에 노출된 개인에게 전문적인 서비스가 제공되지 못했을 경우 더 위험한 상황에 빠질 가능성이 있다. 이를 위해 연계 협력 기관들 간의 서비스 제공에 대한 책임의식을 함께 공유하며 각 기관의 전문성을 향상시킬 수 있는 방안을 마련해야 한다. 이런 지역네트워크가 자리 잡을 경우 기관의 특성에 맞는 전문적 서비스를 책임 있게 제공할 수 있을 것이다.

3) 네트워크센터의 기본 성격

(1) 민간 기관의 경우

민간 기관의 경우, 미국의 지역협의체처럼 별도의 민간법인으로 하되, 지자체나 국가로부터 사업 예산을 받고, 자체 모금 사업을 통해 예산을 조달하고, 일정 정도의 재원과 정부로부터 받은 사업 지원을 통해 네트워크 기관으로서의 위상을 확립할 수 있다. 민간 기관의 네트워크는 운영의 유연성과 자율성은 보장 받을 수 있지만 네트워크로서의 위상 확립에는 많은 어려움이 있다.

(2) 공공 기관의 경우

일본의 센터처럼 지방 정부가 직접 운영하거나, 아니면 현재의 자원봉사센터나 공립어린이집처럼 지자체가 설치하고 전문가를 센터장으로 하여 관리 운영의 책임을 맡기는 방식이 있다. 네트워크의 자발성보다는 행정 책임을 대행하는 기관으로서 민간 기관들에 대한 제약적 역할을 수행할 가능성이 높다.

4) 네트워크센터 설치의 기본 구도

(1) 설치 단위

시 · 군 · 구 단위별로 적어도 1개를 설치한다.

(2) 설치의 제도적 기반

「아동복지법」 등에 의해 설치 근거를 마련하되, 지역아동센터나 아동복지관과 같은 직접 서비스 기관이 겸하여 설치할 수 있도록 한다.

5) 네트워크센터 설치 시의 유의점

첫째, 기존의 기관들이 행하는 네트워크 사업과의 차별성이 구현되어야 한다. 개별 기관 차원에서 필요한 각자의 네트워크 구축과 종합적인 지역네트워크 구축의 차별성이 드러나야 한다.

둘째, 네트워크의 목적이나 차원에 따른 네트워크의 다양한 형태가 보장되어야 한다. 일률적 형태보다는 다양한 형태에 대하여 구체적인 제시가 이루어져야 한다.

셋째, 아동 · 청소년복지 네트워크에 참여하기 위한 유인이 필요하다. 정부로부터의 재원보조나, 법령 상의 지위 혹은 참여에 따른 비금전적 혜택(fringe benefit) 등이 필요하다.

넷째, 네트워크 전문 인력의 별도 양성 과정이 필요하다. 현재의 현장 전문 인력들이 네트워크를 적극적으로 활용하기 위해서는 별도의 교육 훈련 과정이 구비되어야 한다.

다섯째, 지방 정부와 중앙 정부의 재정적 · 법적 지원체계 확보의 난점을 극복해야 한다. 지방 정부나 중앙 정부가 예산을 지원하는 체계를 바꾸어 기관 간의 협력과 연계 기능이 활성화되도록 해야 한다.

2. 아동 · 청소년복지 네트워크센터 모형

1) 네트워크센터 기본 모형

(1) 네트워크센터의 기본 설계

네트워크센터의 목적은 새로운 기관의 설립이 아니고 전적으로 참여 기관에 대한 지원이므로, 센터를 만들지 않아도(네트워크 전담자와 예산만 있어도) 참여 기관의 지원이 가능하다면 센터를 설립하지 않아도 된다. 네트워크센터는 철저하게 현장의 일상적인 요구(전문서비스와의 연결 등)에 기반해야 하며, 지역사회의 상황이나 참여 기관의 필요에 따라 네트워크센터 내 팀의 구성 및 기능과 제공되는 서비스의 종류는 달라질 수 있다. 네트워크센터는 이상적으로 각 개별 참여 기관이 할 수 없는 기능을 수행해야 하므로, 각각의 참여 기관에 예산을 균분하여 나눠 주는 것보다 네트워크센터를 통해 제공하는 것이 더 효율적이어야 한다. 네트워크센터가 현실화되기 위한 부대 조건(국고 지원 원칙, 관련 법령 마련 등)에 대해 고민해야 한다.

아동 · 청소년을 대상으로 한 전문적이고 통합적인 서비스 전달을 목적으로 하는 네트워크센터는 다음의 [그림 6-1]과 같은 형태를 그 기본 모형으로 한다.

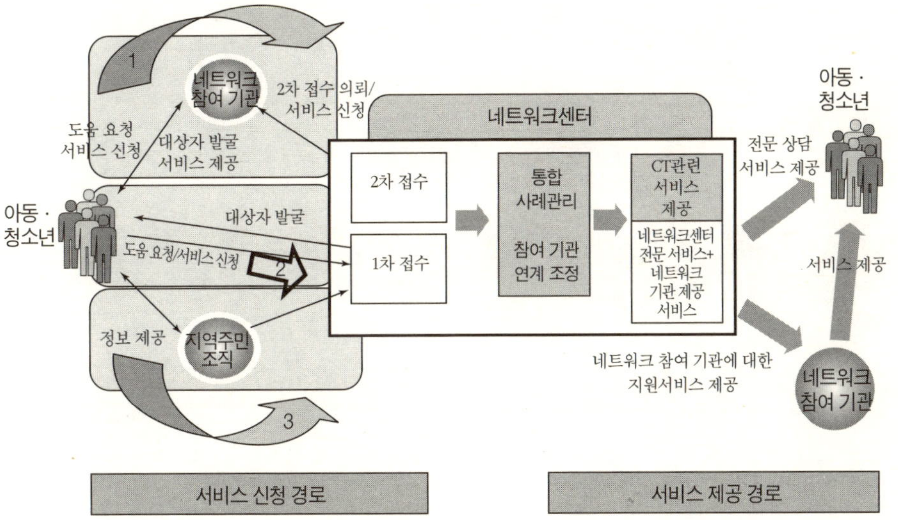

[그림 6-1] 아동 · 청소년복지 네트워크센터의 개념도

네트워크센터를 중심으로 하는 클라이언트의 접근은 [그림 6-1] 네트워크센터 모형도에서 볼 수 있듯이 크게 세 가지 경로를 통해 가능하다.

첫 번째 경로([그림 6-1]의 경로 1)는 미해결된 문제나 욕구를 가지고 있는 아동 · 청소년 클라이언트가 지역사회 사회복지서비스 관련 기관이나 공공 기관(읍 · 면 · 동의 주민지원센터, 학교) 등을 통해 네트워크센터로 접근하는 경로를 가정할 수 있다. 이 경우 지역사회 관련 기관은 바로 네트워크 참여 기관으로서 지역사회 아동 · 청소년에 대한 1차 접수와 1차 서비스 제공 기관으로서의 역할을 수행하게 된다. 이러한 아동 · 청소년 관련 1차 서비스 제공 기관들과 네트워크센터와의 관계를 모형으로 나타내 보면 [그림 6-2]와 같다.

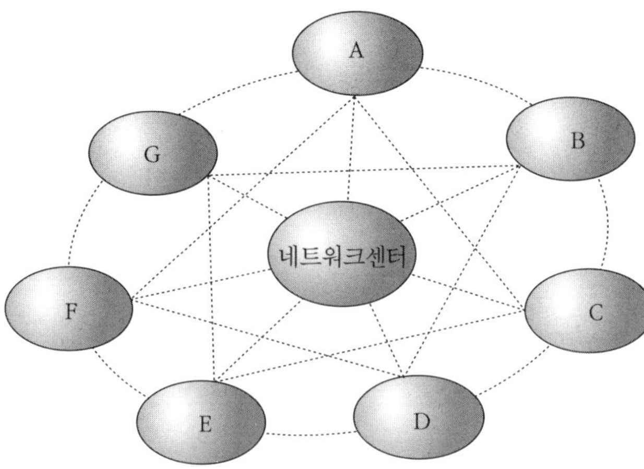

[그림 6-2] 아동 · 청소년 관련 1차 서비스 기관과 네트워크센터와의 관계도

두 번째 경로([그림 6-1]의 경로 2)는 네트워크센터가 직접 클라이언트와 만나는 것이다. 이 경로는 주로 지역사회에 아동 · 청소년을 위한 서비스 제공 기관들이 충분하게 없는 농산어촌 지역에 설립되는 네트워크센터가 직접 지역사회 아동 · 청소년 대상자들을 발굴하는 형태를 가정한 것이다.

세 번째 경로([그림 6-1] 경로 3)는 지역주민 조직(아파트 또는 농산어촌 지역의 부락 단위 부녀회 등 순수 민간 조직)을 통해 아동 · 청소년이 네트워크센터와 소통하는 경로를 가정한 것이다.

[그림 6-1]의 아동 · 청소년 지원 네트워크센터 개념도에 나타난 바대로 네트워크센터는 크게 아동 · 청소년에 대한 2차 접수(직접 발굴 클라이언트의 경우에는 1차 접수), 통합 사례관리, 서비스 기관 간 연계 및 조정, 1차 기관에 대한

지원, 전문 서비스 제공 등의 기능을 수행한다.

(3) 네트워크센터의 운영 주체에 따른 분류

네트워크센터는 그 운영 주체에 따라 공공형, 반민반관(半民半官)형, 민간형 등으로 구분이 가능하다. 공공형은 지방자치단체의 주민생활지원국(과)내에 하나의 팀 형태로 설치되어 운영될 수 있다. 반민반관형은 지역사회복지협의체의 실무분과 가운데 아동 분야의 특화 형태로 설치되어 운영될 수 있다. 민간형은 적절한 자격 요건을 갖춘 민간 법인에 위탁되어 운영될 수 있다.

(4) 지역에 따른 네트워크센터 구성

네트워크센터는 대도시 및 중소도시 혹은 농산어촌에 따라 센터의 구성을 다르게 할 수 있다. 예를 들어 자원이 풍부한 대도시 지역에서는 별도의 전문 서비스 제공팀이 필요하지 않을 수도 있으나, 그렇지 못한 농산어촌 지역의 경우에는 전문 서비스 제공팀이 반드시 필요하다.

2) 네트워크센터의 역할 및 기능

네트워크센터는 그 이름에서도 알 수 있듯이 네트워킹 기능이 중요한 기능 가운데 하나로 간주되며 따라서 네트워크센터의 기능과 역할 규명과 더불어 네트워킹에 참여하고 있는 참여 기관들뿐만 아니라 지역주민이나 지역사회 주민 조직의 기능과 역할도 동시에 고려해야 한다.

(1) 네트워크 참여 기관의 역할 및 기능

네트워크 참여 기관은 서비스 이용 대상자에 대한 직접적 발굴 기능을 수행하여야 한다. 이에 따라 1차 기관으로서의 기본 접수 및 자체 사례관리 기능을 수행해야 한다. 1차 사례관리의 결과 필요한 서비스를 직접 클라이언트에게 제공할 수 있어야 한다. 참여 기관에서 해결할 수 없는 클라이언트의 문제나 욕구, 즉 보다 전문적인 개입을 필요로 하는 경우 네트워크센터에 의뢰하는 기능을 수행한다.

(2) 지역주민 조직의 역할과 기능

지역주민 조직이란 특히 농산어촌의 경우 1차 서비스 제공 기관이 없을 경우 이장단이나 부녀회 등의 조직을 의미한다. 이러한 지역사회 주민 조직들을 통해 아동 · 청소년 관련 서비스가 필요한 대상자가 발굴되고 이 조직을 통해 지원센터로의 연계가 가능하다.

(3) 네트워크센터의 기능과 역할

네트워크센터는 네트워크 참여 기관들에 대한 간접 서비스 및 클라이언트들에 대한 직접 서비스 제공 등의 기능을 수행한다. 예를 들면 다음과 같다.

- 지역사회 내 민간 · 공공 부문 간의 서비스 협력 파트너십 지원, 기관 간의 유기적 협의체 운영
- 지역사회 자원 리스트 및 지도 구축, 가족 등에게 정보 제공
- 서비스 조정, 통합 지원 방안 협의 등 물리적 공간 제공
- 고위험 집단 사례관리 · 사례 회의 진행
- 시 · 군 · 구 내 현황 조사 및 운영 실적 관리

네트워크센터 조직상의 팀별 주요 기능은 다음과 같다.

① 교육 훈련 및 자원 관리팀의 기능

- 지역사회 내 복지, 보건, 교육 등 다양한 서비스가 통합적으로 제공되도록 '콘트롤 타워' 기능 수행
- 네트워크 참여 기관에 대한 관리
- 네트워크 참여 기관의 직원에 대한 교육 및 훈련

- 네트워크 참여 기관에 필요한 정보의 제공
- 아동 지원 자원에 대한 통합 정보 기반 구축 관리(DB 구축)
- 기타 네트워크 참여 기관의 교육, 훈련 및 자원 관리와 관련된 사항

② 통합 사례관리팀의 기능

- 통합 사례 회의를 주재하고 개별 기관에서 다루기 힘든 복합 문제 사례를 의뢰 받아 직접적인 통합 사례관리 제공
- 네트워킹을 전제로 한 통합 사례관리 운영을 통한 통합 서비스 제공
- 제공 서비스에 대한 사후 관리, 모니터링, 평가 등
- 아동 지원을 위한 정기적인 요구 조사 및 자원 조사
- 아동 지원 서비스 · 프로그램 제공 기관의 연계 및 조정
- 아동 지원 서비스 · 프로그램에 대한 개발 및 평가

③ 전문 서비스 제공팀의 기능

- 긴급한 자원이 요구되는 아동에 대한 사례관리 및 전문 상담
- 전문가 집단(자문위원회/자원봉사 집단)에 의한 전문 상담서비스 제공[1]

3) 네트워크센터의 조직

네트워크센터는 그 운영 주체의 특성에 따라 지자체가 직접 운영하는 경우와 민간에 위탁하여 운영하는 경우의 두 가지 형태로 구성해 볼 수 있다.

지방자치단체가 네트워크센터를 직접 운영하는 경우는 주로 아동 · 청소년 지원을 위한 자원이 부족한 농산어촌 지역으로서 공공 기관의 내부 조직의 하나로 구성해 볼 수 있으며 다음 [그림 6-3]과 같은 의사결정 구조와 기능[2]을 갖게 된다.

1) 자원이 풍부하여 별도의 전문 서비스 제공팀을 두지 않는 센터의 경우 전문 서비스 제공팀의 기능은 통합 사례관리팀의 기능에 포함된다.

2) 여기서 네트워크센터의 기능은 그 운영 주체와는 상관없이 동일한 기능을 한다.

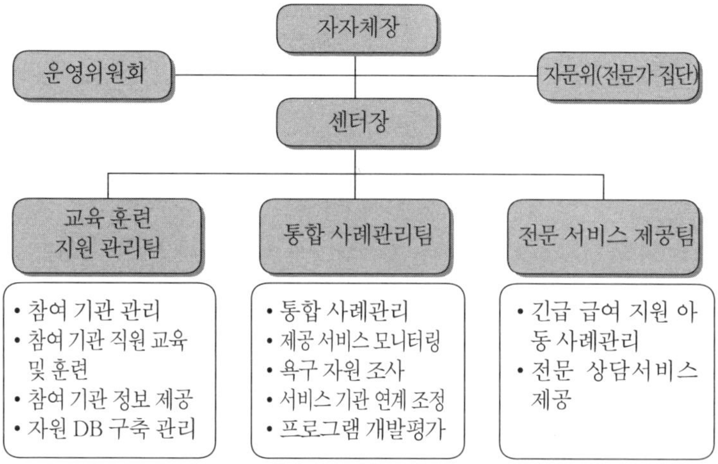

[그림 6-3] 네트워크센터(내부) 조직 구성 및 주요 기능(지자체 직접 운영형)

지자체가 네트워크센터를 직접 운영하는 경우에는 최근 구성되어 운영되고 있는 지역사회 복지협의체의 아동 · 청소년 관련 실무 분과의 최종 발전 형태로 생각해 볼 수 있다. 다만 이때에는 운영위원회의 구성과 역할이 중요한 요소로 등장하게 되는데 운영위원회에는 지자체의 실무국 과장과 민간 서비스 기관 대표 및 시민 대표 등이 반드시 포함되어야 한다.

한편 네트워크센터가 민간에 위탁되어 운영될 경우는 주로 아동 · 청소년 지원을 위한 자원이 충분한 도시 지역으로서 공공 기관은 재정에 대한 지원을 담당하고 네트워크센터는 민간이 운영하되 [그림 6-4]와 같은 의사결정 구조와 기능을 갖게 된다.

민간에 의해 운영되는 네트워크센터의 경우 최고 의사결정은 이사회에 의해 이루어지기 때문에 이사회의 구성 방식이 중요한 역할을 한다. 따라서 이 경우 이사회에는 네트워크 참여 기관들의 대표들이 참여하도록 하되 참여 기관이 많을 경우 임기제에 의한 순환 방식으로 구성하여 운영할 수 있다.

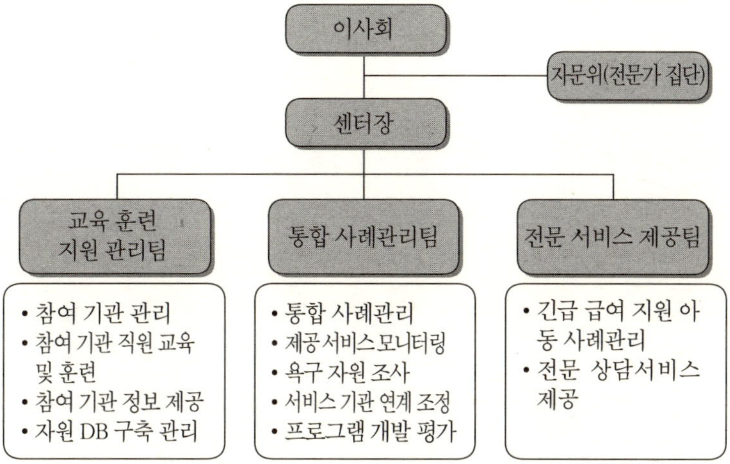

[그림 6-4] 네트워크센터(내부) 조직 구성 및 주요 기능(민간 기관 위탁 운영형)

공공에 의해 직접 운영되든, 민간에 위탁되든 실무 조직의 구성과 기능은 크게 차이가 없다. 구체적으로 보면 다음과 같다.

(1) 교육 훈련 및 자원 관리팀 구성

교육 훈련 및 자원 관리팀은 네트워크를 구성하고 있는 타 기관들에 대한 간접 서비스를 담당하는 조직으로 팀장 1명, 팀원 2명으로 구성한다.

(2) 통합 사례관리팀 구성

통합 사례관리팀은 지역사회 클라이언트의 복합적 서비스 욕구를 파악하고 이의 해결에 필요한 서비스를 계획하며 모니터링하는 역할을 담당하는 역할을 수행하며, 이를 위해 서비스 조정자(팀장) 1명, 사회복지사 2명으로 구성한다.

(3) 전문 서비스 제공팀 구성

전문 서비스 제공팀은 아동 · 청소년에게 필요한 전문적인 상담을 통해 문제나 욕구를 해결할 수 있어야 한다. 이를 위해 팀장 1명과 팀원 2명으로 구성한다.

4) 네트워크센터의 인력 및 자격

(1) 네트워크센터 인력 구성

네트워크센터의 필요 인력은 센터장 1인을 포함하여 9명으로 구성한다. 네트워크센터의 팀별 구성 인력은 교육 · 훈련 · 자원 관리팀 팀장 1인 및 팀원 2인, 통합 사례관리팀 팀장 1인 및 팀원 2인, 전문 서비스 제공팀 팀장 1인 및 팀원 2인 등으로 구성하는 것을 원칙으로 한다. 지역사회 아동 수에 비례하여 확대 배치하는 것을 원칙으로 한다.

(2) 네트워크센터 종사자별 자격 요건

① 센터장

센터장을 공무원 가운데서 임명할 경우에는 공무원 6급 이상인 자로 사회복지 관련 분야 경력이 최소 5년 이상이어야 한다. 센터장을 민간 분야에서 임용할 경우에는 사회복지 관련 분야 경력이 최소 10년 이상이어야 한다.

② 팀장

네트워크센터 내 3개 팀의 팀장은 공무원의 경우 7급 이상인 자로 사회복지 관련 분야 경력이 최소 3년 이상이어야 한다. 네트워크센터 내 3개 팀의 팀장은 민간 분야에서 임용할 경우 7년 이상의 경력을 갖추어야 하고 이 가운데서 사회복지 관련 분야 경력이 최소 5년 이상이어야 한다. 사업의 연속성 확보를 위하여 특별한 사유가 없는 한 3년 이상 장기 보임을 원칙으로 하여 구성하고 사업 수행 인력 교육 프로그램 이수 후 실무에 투입하는 것을 원칙으로 한다.

(3) 종사자에 대한 교육

네트워크센터에 근무하는 종사들에게는 종사자들이 전문성 강화를 목적으로 최소 연 30시간 이상의 보수 교육을 이수하여야 한다. 보수 교육의 내용은 센터 사업에 필요한 것으로 구성하되 지역사회 조직, 통합 사례관리, 아동 · 청소년 상담, 생태체계적 사정 등의 주제와 관련된 것으로 구성한다.

5) 네트워크센터의 공간

네트워크센터는 서비스 기획 조정 및 연계에 관한 의사소통 채널을 확보하는 기관으로서 아동 및 그 가족이 자유롭게 접근할 수 있는 곳으로 선정하여야 한다. 지역사회 내 민간과 공공 부문 간의 서비스 협력 파트너십 구축을 지원하기 위해 시 · 군 · 구(읍 · 면 · 동) 단위로 1개소씩 센터를 설치할 수 있다. 유휴 공간 등 기존 지역 인프라를 활용하되 서비스 대상 아동의 접근성을 최대한 고려해야 한다. 지역 여건에 따라 센터가 속한 시 · 군 · 구청 내 · 외 어느 곳에도 설치가 가능하다. 다만, 업무용 공간과는 구분하여 개인별 상담 공간이 필요하다.

6) 아동 · 청소년복지 심의위원회

네트워크센터는 시 · 군 · 구 단위에서 보호가 필요한 고위험 아동에 대한 1차적인 접수와 연계 접수가 이루어지면, 상담 등 진단과 사정을 하되 각종 민간의 아동 · 청소년복지 전달체계(아동보호전문기관, 가정위탁지원센터, 입양 기관, 양육시설, 전문 치료시설 등)와 연계하여 서비스를 제공한다. 만약 가정 외 배치(가정위탁, 시설 입소, 입양 등)가 필요한 경우 비상설기구로 아동 · 청소년복지 심의위원회를 설치하여 지역사회의 아동 · 청소년복지 전문가, 민간 기관의 사회복지사, 의료인, 법조인 등이 참여하여 사례를 사정하고 심의하게 한다. 운영위원회는 센터 운영과 관련된 자문을 주로 담당하고 아동 · 청소년복지 심의위원회는 아동의 배치와 모니터링에 대한 전문적인 자문을 제공한다.

이와 같은 체계 하에서는 보호가 필요한 고위험 아동이 발생할 경우, 네트워크센터에서 보호 신청 접수가 통합적으로 이루어지며, 욕구 사정, 서비스 계획, 서비스 제공, 서비스 의뢰, 평가와 종결 등 일련의 서비스 전달 과정이 진행되며, 욕구의 사정은 소속 기관의 사회복지사가 담당한다. 보다 심도 있는 사정이 필요한 사례의 경우 아동 · 청소년복지 심의위원회의 사정 평가 회의를 거치면 된다. 아동 · 청소년복지 심의위원회의 사정 평가 회의를 거쳐 가정위탁, 입양, 시설 보호의 조치가 필요한 경우 소속 지방자치단체장의 결재를 받아 해당 기관이나 시설에 보호 의뢰를 하게 된다. 사법 기관의 조치가 필요한 경우에는 경찰에 보호 조치를 요청하며, 친권 제한을 위한 법적 조치가 필요한 경우에는 가정법원에 아동보호명령을 신청한다.

이를 통해서 아동과 그 가족에게 욕구에 부합되는 맞춤형 서비스를 통합적인 형태로 제공하고, 배치 이후에도 아동과 가족을 적어도 6개월에 1회 정도 모니터링하여 현재의 보호체계가 적절한지 지속적으로 검토해서 더 적절한 보호체계로 전환하거나 원가족으로 복귀하도록 해야 한다. 또한 친부모가 시설이나 위탁가정에 맡겼던 자녀에 대해 시설로부터의 퇴소나 가정위탁 계약해지를 요청할 시에도 무조건 아동을 귀가시키는 것이 아니라 가정의 준비 정도에 대한 심사를 한 후에 귀가 조치해야 한다.

7) 중앙센터

전국적 사업 수행의 표준화, 수행 인력 교육 및 평가 그리고 네트워크 사업의 전국적 홍보 업무를 수행할 중앙센터가 구성 · 운영되어야 하며, 중앙센터의 역할은 다음과 같다.

- 국가 단위의 아동복지서비스 정책 개발
- 중앙 단위에서의 정부 부처 간의 협조적 연계 체제망 구축 · 운영 · 지원
- 시 · 도 및 시 · 군 · 구 네트워크센터의 지도 및 지원
- 다양한 서비스 및 프로그램의 개발 및 보급
- 아동복지서비스 인력을 위한 다양한 직무 연수 실시(보건복지인력개발원, 학회 등과 연계)
- 통합 전산 운영 시스템 개발 · 보급

• 운영 매뉴얼 제작 · 보급
• 전국 단위의 운영실적 작성 · 관리

현재 우리나라에는 중앙아동보호전문기관, 중앙가정위탁지원센터, 위스타트 연구지원센터, 지역아동정보센터, 희망스타트 사업지원단 등으로 중앙센터가 사업별로 분절화되어 있다. 앞으로 장기적으로 이러한 기관들을 통합하고 육아정책개발센터와 합쳐서 아동을 대상으로 한 중앙센터 겸 종합연구기관으로 확대 개편하는 것을 고려할 필요가 있다.

3. 아동 · 청소년복지 네트워크센터의 가상 적용 예 – 서울 서대문구 지역을 중심으로

1) 서대문구 지역의 아동 · 청소년 관련 단체 현황

(1) 서대문구 지역 현황

① 지역의 일반 현황

서대문구 국민기초생활보장수급권자 비율이 평균 2.2%인 데 비하여 천연동의 경우 전체 3,855세대 중 363가구가 수급권자로, 4.8%로 가장 높다. 0세부터 19세까지를 아동 · 청소년 인구로 보았을 때, 전체 서대문구 인구 대비 아동 · 청소년 비율은 21.9%인 데 반해 천연동은 22.3%로 홍은1동(25.0%), 홍제4동(24.7%), 홍제2동(23.2%), 홍은3동(23.3%)에 이어 21개 동 중 4위로 비교적 높은 순위를 나타내고 있다. 또 65세 이상 고령자의 비율은 서대문구 평균 비율인 8.8%보다 높은 10.2%로 모든 동 중에서 1위를 차지하고 있다.

즉, 천연동은 서대문구 중 생활이 어려운 빈곤가구가 가장 많으며, 다른 동에 비해 상대적으로 고령 인구와 아동 인구가 많은 동으로서 빈곤율이 높아 사회보장 및 사회복지에 대한 욕구가 높은 지역이라 할 수 있다.

② 급식 지원 대상 아동 현황

교육청 통보 인원과 기타를 포함하여 급식 지원 대상자 3,074명 중 571명의 아동(18.6%, 서울시 전체 선정 백분율은 28.5%)만이 급식 지원을 받고 있다. 제외 이유는 식사를 차챙겨 줄 가족이 있는 경우, 급식 방법 기피, 가족 및 본인 거부 등인데 현재 아동 급식 지원체계가 세밀하지 못한 점을 고려할 때 급식 필요 아동의 누락이 염려된다. 특히, 아동 급식 지원 방법을 살펴보면 지역아동센터나 사회복지관 같은 단체급식소에서 급식 지원을 받는 아동이 11.0%(63명)에 그친데 반해 일반음식점에서 급식 지원을 받는 아동은 88.4%에 해당하는 505명인 것으로 나타났다. 일반음식점의 경우 사회적 낙인 효과와 영양 관리가 안 되는 점을 고려할 때 서대문구의 아동 급식 지원 사업의 개선 필요성이 크다고 판단된다.

③ 가정위탁 보호 사업 아동 조사

서울시 전체 통계는 791세대 1,103명이고, 서대문구에서 가정위탁 지원을 받는 아동은 11세대 12명이다.

④ 아동학대 보호 사업 아동 조사

서대문구 관할 마포아동보호전문기관에서 이루어진다. 관할 아동보호전문기관에 2006년 신고된 사례는 77건이고, 6건을 제외한 71건이 학대 사례 혹은 잠재 위험 사례로 판정되었다. 학대 사례로 판정된 64건 중 49건에 해당하는 아동이 원가정 보호, 15건에 해당하는 아동이 격리 보호로 최종 조치가 이루어졌다. 여기서 주목해야 할 것은 원가정 보호 시 아동에 대한 지속적인 모니터링이 필요하다는 점이다. 이런 경우 지역사회에 아동 · 청소년의 안전망을 위한 기관 간 네트워크체계가 구축되어 가해자 교육과 상담, 아동상담과 지원 등 지속적인 사례관리를 해 주어야 한다.

⑤ 지역아동센터 이용 아동

지역아동센터(6개소/517명), 청소년 공부방(2개소/163명)

(2) 서대문구 내 아동 · 청소년 관련 시설 현황

① 총 인구

138,320세대/355,934명

② 아동 인구

6~19세 이하 60,431명

③ 기관 및 이용자 수[3)]

초등학교(18개/22,498), 중학교(12개/12,392명), 고등학교(6개/7,620명), 지역아동센터(6개소/517명), 청소년 공부방(2개소/163명), 종합복지관 3곳, 청소년 수련 시설 2곳, 서울마포아동보호전문기관, 영아일시보호소(입양 기관 1곳) 위탁가정 지원센터(11세대 12명), 아동양육시설(2개소/230명), 청소년쉼터(2개소/14명), 평생교육시설(2개소/48명), 서대문구 보건소, 종합병원(2개/1개소의 경우 의료사회사업실 있음), 서대문경찰서, 5개 서대문경찰서 지구대, 유해환경 감시단 2곳

| 표 6-1 | 아동 · 청소년 관련 시설 현황(2007년 9월 현재)

구분	시설명	주소	정원	운영 주체	기관 소개
청소년 공부방	북가좌 공부방	북가좌2동 3335 (120815)	62	서대문구	2층은 사무실과 열람실(10석)로 사용하고, 3층은 52석의 좌석을 갖추고 구청 직영으로 오전 9시부터 밤 10시까지 운영하며, 휴관은 매주 월요일과 명절, 국경일 등이다. 이용료는 300원이다.
	홍은2 공부방	홍은2동 11370 (120842)	101	세이브더 칠드런	

3) 보육시설의 아동과 5세 미만 아동은 제외한 것으로 통계연보가 5년 단위로 되어 있어서 6세부터 19세까지의 통계이다. 2007년 현재 아동 인구는 60,431명이다.

지역아동센터	옹달샘	옥천동 126109 (120060)	40	부스러기 사랑나눔회	
	나무를 심는 학교	북아현동 18022 2층 (120818)	35	늘푸른 교회	
	신일공부방	냉천동 74297 (120050)	49	신일교회	
	홍제지역 아동센터	홍제3동 228 (120857)	30	홍제교회	
	1318해피존 서대문	영천동 74 2층 (120070)	49	부스러기 사랑나눔회	
	다락공부방 (미인가)	현저동 201 극동A 제2 관리사무소	20	오순절평화 의수녀회	2007년 1월 19일 개소
입양기관	동방영아 일시보호소	창천동 493			
사회복지관	서대문종합 사회복지관	남가좌1동 11563 (120802)	40	동방사회 복지회	
	홍은종합 사회복지관	홍은1동 4820 (120101)	35	구세군 복지재단	2004년12월개관
	이대종합 사회복지관	북아현동 1461	49	이화학당	1956년 설립
유해환경 감시단	한국청소년 육성회서대 문지구회	미근동 165 서대문경찰서 412호 (120704)		(사)한국청 소년육성회	청소년 비행의 예방, 선도 활동과 청소년 유해환경의 정화 활동을 전개하고, 청소년 문제 연구 및 문화 행사를 주도한다. 올바른 시민 정신을 함양하여 청소년들의 건전한 육성에 이바지함을 목적으로 한다.
	청소년을 위한 내일여성 센터	창천동 1149(120835)		(사)청소년을 위한 내일여성센터	1997년 개관하여 체험관을 통해 쉽고 재미있는 성교육을 진행하며 여성과 청소년을 위한 문화 활동 및 사회 운동을 전개하고 있다.

청소년쉼터	후농청소년 쉼터	창천동 357 2층 (120836)	8	(재)후농 청소년문화 재단	2006년 2월 8일 개소한 남자청소년 중장기 보호 쉼터로 만성가출이나 가정 해체로 위기에 처한 청소년들에게 기본적인 생활 지원 이외에 여러 프로그램을 통해 독립을 위한 학업이나 직업 훈련을 위한 경제적 지원을 한다.
	여성전용 청소년쉼터 (애신)	남가좌동 145121	6		
청소년수련시설	청소년 문화의 집	충정로3가 1852(120838)		서대문구 직영	2001년 3월 개원한 청소년을 위한 휴식 및 놀이 공간 제공처로, 취미 · 생활 프로그램 운영, 청소년 동아리 활동 지원, 청소년 상담 활동, 청소년 지원 사업과 후원인의 발굴, 지역주민을 위한 프로그램을 운영하고 있다.
	서대문청소년 수련관	연희동 1671(120826)		한국청소년 재단	2005년 6월 28일 개관
평생교육시설	대신야간 고등학교	신촌동 1번지	38		
	도시 속 작은 학교	연희동 1671 (서대문수련관 3층)	10	한국청소년 재단	위탁형 대안학교
아동양육시설	송죽원	홍제1동 35613 (120861)	70		1945년 개관한 곳으로 영유아부터 대학생까지 57명 정도가 생활하는 시설이다.
	구세군 서울후생원 서울시 지역아동 복지센터	천연동 117	160	구세군	1918년 개소하여 현재 유치부부터 대학부까지 90명의 아이들이 함께 생활하고 있고, 20명의 사회복지사가 근무한다. 아이들은 새움네, 한결네, 벗들네, 햇살네 등의 이름으로 지어진 각 집에서 연령별 · 성별로 나누어져 함께 지낸다. 10~13명 정도의 아이들이 한두 분의 선생님들과 함께 생활하고 있다.

2) 서대문구 아동 · 청소년 관련 시설 네트워크 현황 및 필요성

서대문구의 아동 · 청소년 관련 시설의 네트워크 현황을 알아보기 위해서 관련 시설을 중심으로 아래와 같은 네트워크 욕구에 관한 기초 조사를 실시하였다.

- 설문 조사 기간: 2007년 11월 16일~12월 7일
- 설문 조사 대상: 서대문구 내 아동 · 청소년 단체 및 관련 시설 22개소 중 이메일이나 팩스 확인 후 설문 응답의 의사를 표시한 기관 15개소
- 설문 응답 기관: 13개 기관 설문 응답(86%) 응답

설문을 통해 나타난 서대문구 내 네트워크의 현황과 필요성에 대한 의견을 정리해 보기로 한다.

(1) 네트워크의 필요성

전체 13개 기관 중 '매우 그렇다' 4개 기관(30%), '그렇다' 6개 기관(46%), '보통이다' 2개 기관(15%), '그렇지 않다' 1개 기관(7%)으로 응답 기관 중 76%가 지역 내 네트워크가 필요하다고 답하였다.

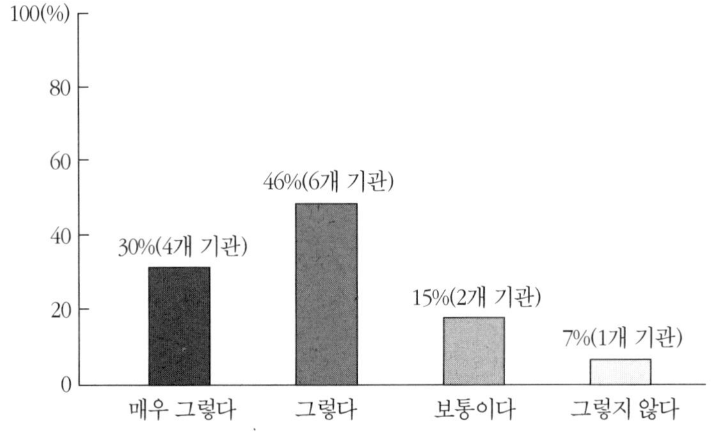

(2) 네트워크의 필요성을 느끼는 이유(우선 1순위부터 3순위까지)

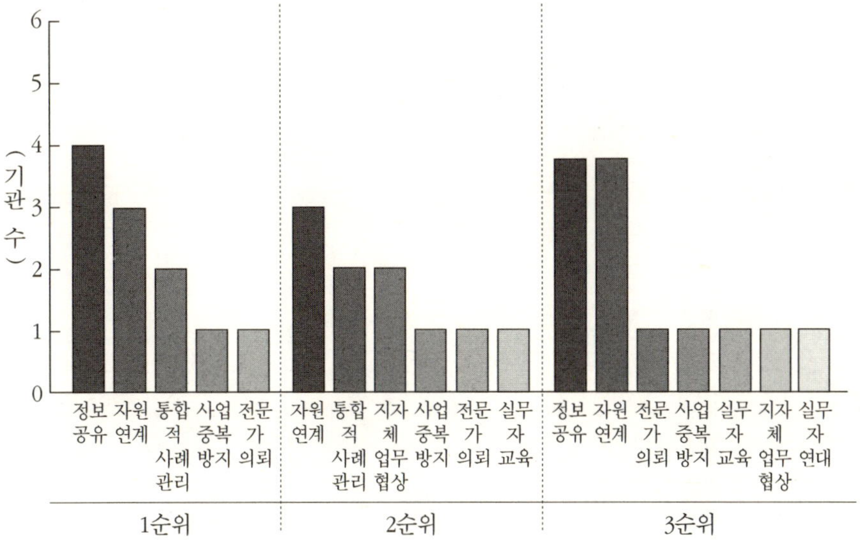

네트워크의 필요성으로는 각 기관 내 정보 공유, 자원 연계, 통합적 사례관리, 사업 중복 방지를 위해서라는 응답이 가장 많았다.

(3) 네트워크 경험 유무

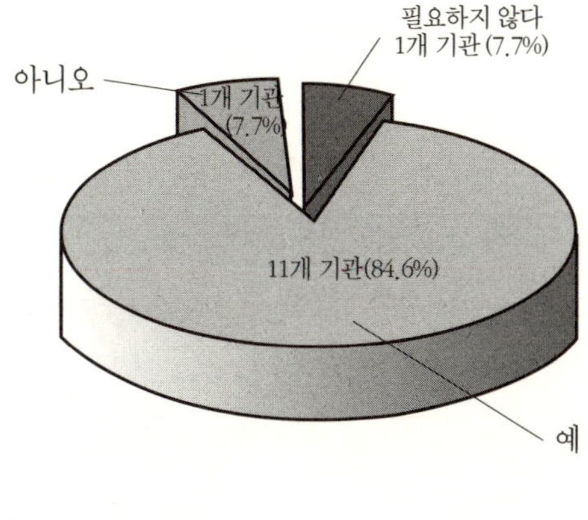

'예' 11개 기관(84.6%), '아니오' 1개 기관(7.7%)으로 응답한 거의 대부분의 기관이 네트워크 경험을 가지고 있는 것으로 나타났다. 1개 기관은 네트워크에 대해 '필요하지 않다'로 응답하였다.

(4) 각 기관에서 실제 네트워크했던 내용

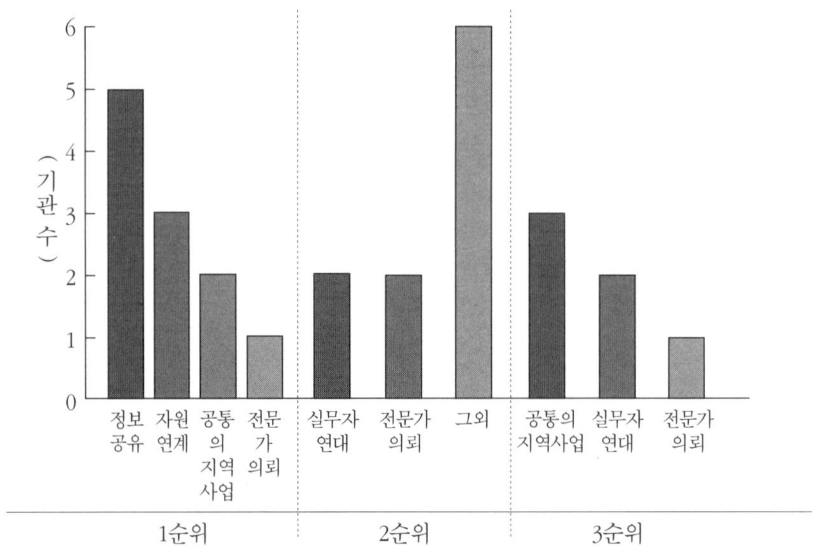

실제 지역에서 하고 있는 네트워크 내용은 실무자 단위에서의 정보 공유와 실무자 연대가 가장 많았으며 그 외 사안에 따른 공통의 지역 사업, 전문가 의뢰로 나타났다.

(5) 네트워크하고 있는 기관들의 명칭 중복 응답

지역아동센터 4개 기관, 사회복지관 4개 기관, 경찰서 3개 기관과 각 기관에 소속하고 있는 단체 협의회 2개 기관, 정신보건센터 2개 기관, 청소년수련관 2개 기관, 경찰서 2개 기관, 보건소, 이대자원봉사센터, 연대자원봉사센터, 부스러기사랑나눔회 4개 기관, 강북삼성병원, 서대문건강가정지원센터 그 외

동사무소와 청소년 문화의 집, 푸른 아우성으로 조사되었다.

(6) 네크워크를 위한 만남 정도

주로 네트워크를 위한 개별 시설과의 만남 정도는 '월 1회' 가 6개 기관으로 가장 많았으며, '월 2회' 2개 기관, '월 3회' 1개 기관로 조사되었다. 실제 타 단체 간의 모임으로는 월 1회가 가장 많은 것으로 나타났다. 주 2회와 주 3회 기관도 있었다.

(7) 필요 또는 부족한 서비스

필요한 서비스의 내용으로는 자원 연계에 대한 욕구가 가장 많았으며, 다음으로는 문화 지원과 특기교육 관련 지원으로 나타났으며, 그 다음으로 전문 상담서비스가 나타났다.

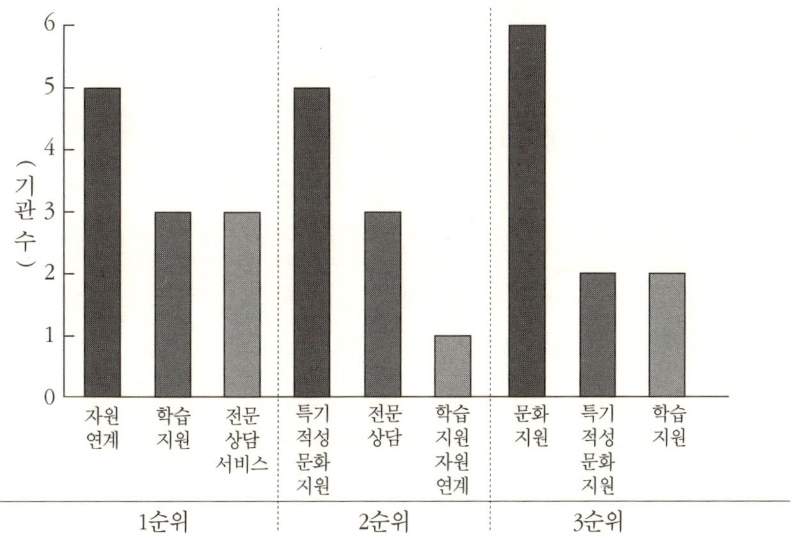

(8) 네트워크 구축되면 기관에서 제공할 수 있는 자원

가장 많이 제공할 수 있는 자원으로는 학습 지원으로 나타났으며 다음이 문화 지원, 자원 연계, 전문 상담서비스의 순서로 나타났다.

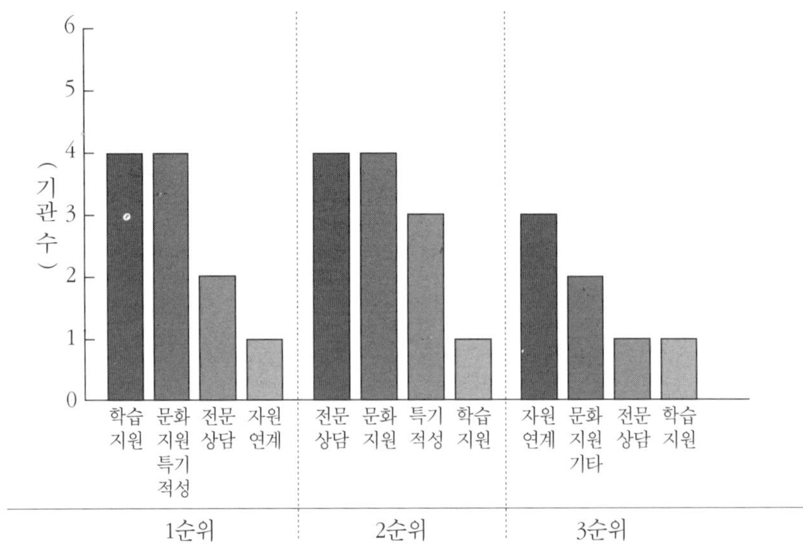

(9) 네트워크에 기대하는 내용

정보 공유 7개 기관(53%), 자원 연계 5개 기관(38%), 사업의 중복 피함 2개 기관(15%), 통합적 사례관리 2개 기관(15%), 그 외 지역의 공동 사업, 특기 교육 관련 서비스, 비행청소년 교육 등을 1개 기관에서 응답하여 대체로 정보 공유와 자원 연계를 가장 많이 원하고 있는 것으로 나타났다.

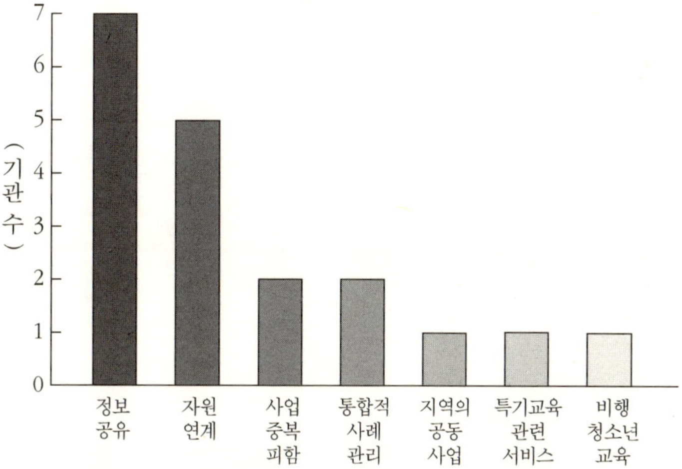

(10) 네트워크 구축의 전제 조건

우선적 전제 조건으로는 네트워크 전담 담당자, 예산, 기관장의 이해가 필요하다고 보고 있었다.

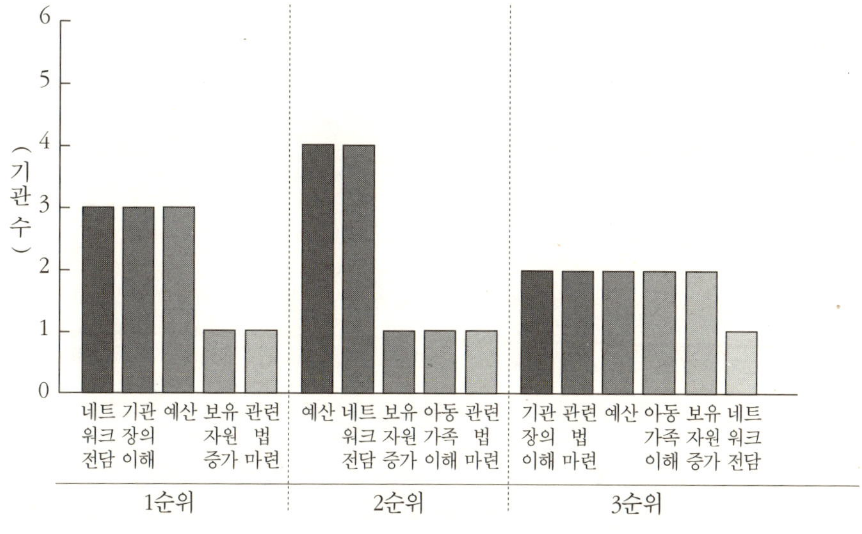

(11) 네트워크 기구의 형태

현재 존재하는 기관 중 적절한 기관에 기능을 부여하는 것이 5개 기관(38%)으로 가장 많았으며, 그 외 민간 전담 기구 3개 기관(23%), 지역 복지협의체 활용 3개 기관(23%), 자발성 기초 2개 기관(16%)이 적절하다고 응답하였다.

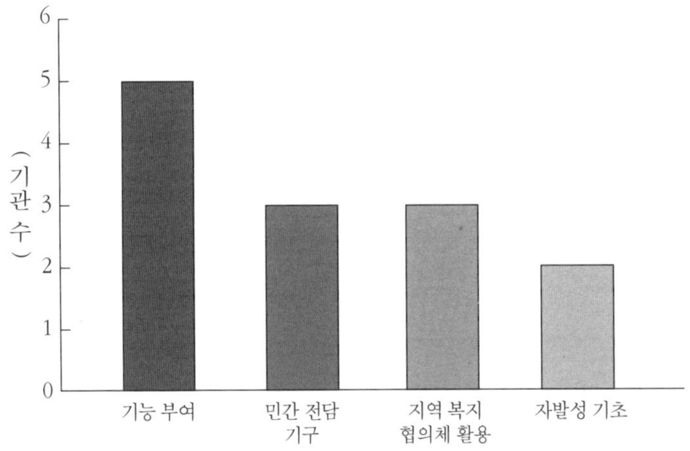

(12) 응답 기관 현황

지역아동센터 5개 기관, 사회복지관 2개 기관, 그 외 서대문구 구립공부방 1곳, 북가좌 공부방 1곳, 연대의료사회사업팀, 아동양육시설 1곳, 한국청소년육성회 서대문 지구회, 청소년쉼터.

(13) 조사 내용 종합

서대문구 내 아동 · 청소년 시설에서는 76%가 네트워크의 필요성을 느끼고 있으며 네트워크의 필요성으로는 첫 번째는 각 기관 간 정보 공유, 자원 연계, 사업 중복 방지를 위해서라는 응답이 가장 많았다.

실제 지역에서 하고 있는 네트워크 내용은 실무자 단위에서의 정보 공유가 가장 많았으며, 그 외 사안에 따른 공통의 지역 사업과 실무자 연대로 나타났다.

필요한 서비스의 내용으로는 자원 연계에 대한 요구가 가장 많았으며, 그 다음으로는 특기 교육 관련 지원과 문화 지원으로 나타났으며, 그 다음으로 전문 상담서비스로 나타났다. 기관에서 줄 수 있는 자원 중 가장 많이 제공할 수 있는 자원으로는 학습 지원을 꼽았으며 그 다음이 문화 지원, 그 다음이 자원 연계로 나타났다.

네트워크가 구축되면 기대되는 내용으로는 정보 공유, 자원 연계, 사업의 중복 피함과 통합적 사례관리를 꼽아 정보 공유와 자원 연계를 가장 많이 원하고 있는 것으로 나타났다.

네트워크 구축을 우선적으로는 네트워크 전담 담당자, 예산, 기관장의 이해가 전제 조건이라고 보고 있다. 네트워크 기구의 형태에 대해서는 현재 존재하는 기관 중 적절한 기관에 기능을 부여하는 것이 5개 기관(38%)으로 가장 많았다.

3) 서대문구 아동 · 청소년 관련 기관 네트워크의 가상 모형

서대문구 내 아동 · 청소년 관련 기관은 사회복지 관련 기관을 제외하고도 학교와 보건소, 경찰서 등 공적 기관이 있으며 아동 · 청소년의 욕구별로 분류를 해 보면 위기아동 · 잠재 위기아동 · 일반 아동, 모든 아동으로 나누어 볼 수 있다. 이렇게 다양한 기관과 많은 수의 아동 · 청소년의 욕구를 담아내는 네트워크센터가 되어야 할 것이다.

따라서 네트워크센터의 기능과 역할을 명확히 하기 위해서는 개별 기관의 기능 중에서 잘하고 있는 것을 연계해 주는 것과 개별 기관의 기능 중에서 부족한 부분을 네트워크시켜 주는 것에 중심을 두어야 할 것이다.

(1) 서대문구를 중심으로 한 작동 운영

① 아동 욕구별 구분

먼저 학대 및 방임 아동, 쉼터 거주 아동, 위탁가정 아동, 가출 청소년 등의 위기아동은 마포아동보호전문기관, 영아일시보호소, 청소년쉼터 등과 같은 위기개입서비스 기관을 통해 대응되며, 빈곤 및 방임 아동, 탈학교 청소년 등과 같은 잠재 위기아동은 관내의 지역아동센터, 아동양육시설, 평생교육시설(대안학교), 청소년수련시설, 청소년 공부방, 위탁가정지원센터를 통해 적절한 서비스를 제공 받게 된다. 그리고 일반 교육 기관 이용자와 같은 일반 아동은 종합복지관, 청소년수련시설, 문화 체육시설 등의 사회서비스 기관을 이용할 수 있다.

② 서대문구 아동 · 청소년 시설 네트워크 모형

서대문구 아동 · 청소년 시설 간의 욕구별, 서비스 제공별 기관을 중심으로 네트워크 구성 단위를 도표로 만들어 보면 다음의 모형을 가상할 수 있다.

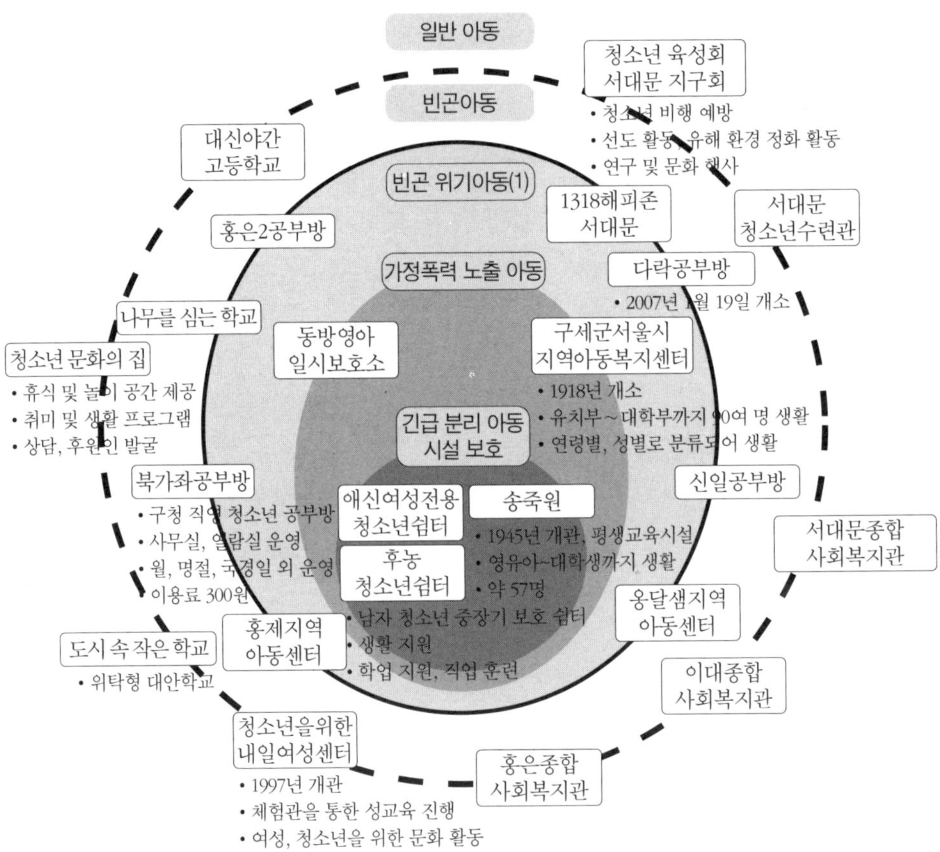

[그림 6-5] 서대문구 아동 · 청소년 전문 네트워크 모형도

③ 서비스 제공 기관별 구분

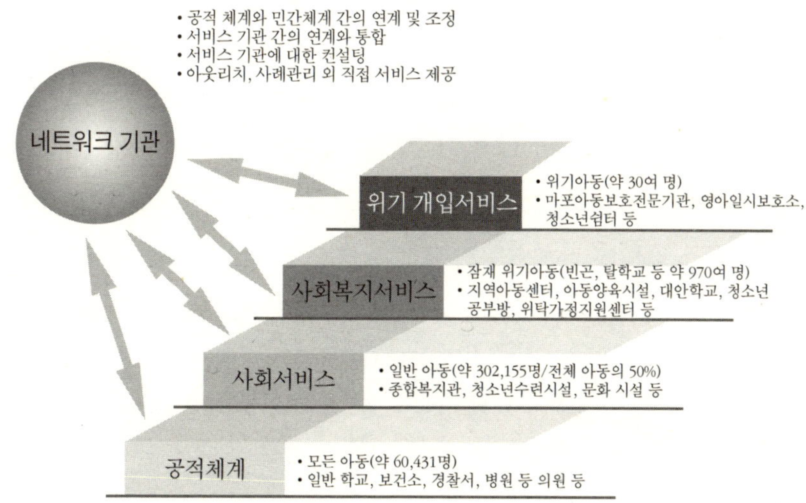

[그림 6-6] 네트워크 기관의 서비스 제공별 구분

④ 잠재 위기아동 중심으로 본 네트워크센터의 지원 내용

네트워크센터에서의 지원 내용은 다음과 같은 것이 될 것이다.

- 아동보호 관련 기관의 네트워크 형성
- 사각지대에 놓인 가정폭력 노출 위기아동 발굴 및 기관 간 연계
- 격월 실무자 간담회 및 사례 임상 수퍼비전 실시
- 가정폭력 노출 아동을 위한 집중적인 사례관리서비스 제공
- 아동 관련 기관 간 네트워크 형성 및 아동 문제 해결력 증진
- 기관 간 협력 사업 실시를 통해 가정폭력 노출 아동 임파워먼트
- 아동보호 관련 실무자 보수 교육을 통한 전문성 증진

(2) 네트워크 지원센터 가동 시 우려점

서대문구 실무자 간담회를 통해서 나온 실무자들의 주된 의견으로는 또 하나의 기관이 생겨나는 형태의 네트워크센터 모형이어서는 안 된다는 것으로, 그것보다는 기존의 기관 중 적절한 기관이 네트워크 기능을 담당하도록 하는 것이 바람직하다는 의견이 많았으며 실제적인 도움이 있어야 한다는 것이었다. 또 하나의 새로운 기관이 아닌 기존의 개별 기관들을 네트워크해 주기 위해서는 교육 · 훈련 지원 관리팀의 역할이 1차적으로 지원되어 그 과정을 통해서 지역의 개별 기관들이 가지고 있는 정보와 자원들을 공유할 수 있는 과정이 필요하다. 이 과정을 원할히 하기 위해서는 네트워크센터가 지역성을 가지고 있어야 하며 지역 상황에 대해서 질 높은 정보력을 가지고 있어야 한다. 새로운 센터가 생기더라도 이 연구의 모형이 제대로 작동하여 기능과 역할을 담당하기 위해서는 개별 기관에 네트워크만을 담당하는 실무자가 필요하다는 의견도 있었다. 이것은 기관장의 이해와도 연결되는 중요한 부분이며, 동시에 예산과도 관련된 것이다.

또한 사례관리의 범위이다. 통합 사례관리팀이 전체 서대문구 위기아동과 잠재적 위기아동 모두를 사례관리할 수 있느냐는 것이다. 네트워크센터는 개별 기관에서 제공되는 서비스 내용에 따라서 통합 사례관리를 세분화하며 역할을 나누어야 할 것이다. 지역이 광범위 하면 네트워크 지원 내용도 광범위하다. 서대문구만 하더라도 아동 인구가 6만 8,000명이며, 학교가 36개, 관련 시설이 22개이며 제공 서비스 내용도 기능상 다르다. 따라서 네트워크는 넓은 범위의 구 단위에서 지원해야 하며 모든 기능을 지원할 수 있어야 한다.

따라서 앞에서 제시한 네트워크센터 모형이 지역사회 안에서 원활하게 작동하기 위해서는 제시된 우려들을 최소화하면서 지역 욕구와 상황에 맞는 탄력성 있는 지원센터 역할이 필요할 것으로 생각된다.

제7장

정책적 고려점

1. 통합적 아동 · 청소년복지 네트워크 구축의 고려점
2. 정책 제언

제7장

정책적 고려점

1. 통합적 아동 · 청소년복지 네트워크 구축의 고려점

아동 · 청소년을 위한 지역사회 안전망의 벌어진 틈을 메우기 위해 동사무소, 학교, 보건소, 사회복지관 등 관련 조직 간 네트워크를 구축하여 보호가 필요한 아동과 가족을 통합적으로 지원할 필요성이 인식되었다. 현재의 파편화된 보호체계를 보완하기 위해 지역사회에서 활용할 수 있는 공식, 비공식 자원을 최대한 동원하여 연계 · 조정하는 네트워크 구축은 매우 중요하다. 이 때문에 사회 각 영역에서 위스타트, 희망스타트, 교육복지투자우선지역사업, 우리아이희망네트워크 등 다양한 네트워크 관련 실험이 진행 중인데, 이들 실험을 바탕으로 제6장에서 제시한 아동 · 청소년복지 네트워크센터의 좀 더 효율적이고 통합적인 운영을 위해 다음과 같이 몇 가지 제언을 하고자 한다.

1) 네트워크만을 위한 조직과 인력 필요

네트워크만을 위한 조직과 인력이 반드시 필요하다. 연계 · 구축자로 지역사회의 자원들을 보다 강하게 흡인하면서 1차 서비스 기관들을 실질적으로 지원할 수 있는 2차 구심축 기관(가칭 네트워크센터) 역할을 할 수 있는 새로운 형태의 네트워크 모델이 검토되어야 할 시점에 있다. 또한 아직 지역 내에는 아동을 위한 전문 인력도 부족하여 실질적인 전문 프로그램의 공급도 매우 부족한 상태이기 때문에 아동을 위해 지역 내의 인적 자원을 연계하고 필요시 자체 보유한 전문 인력과 전문 프로그램을 공급할 수 있는 상시적인 네트워크센터 설치가 필요하다. 또한 각 아동복지기관에도 네트워크만을 담당하는 인력이 필요하다. 더불어 각 기관이 아동 · 청소년복지 네트워크에 참여하도록 하기 위한 유인이 있어야 한다. 정부로부터의 재원 보조나, 법령상의 지위 혹은 참여에 따른 수당 등이 제공되어야 한다.

2) 지역적 특수성 반영

지역네트워크 구축을 획일적 방식으로 하기보다 지역적 특수성을 반영해야 한다. 지역별 특성에 따라 희망스타트센터처럼 네트워크센터를 신설하여 지역네트워크를 구축할 수도 있고, 지역사회복지협의체처럼 지방자치단체 주도의 유관 기관협의회를 통해서 구축할 수도 있다. 그 형태는 어떠하든 간에 지역 단위에서 지자체가 연계의 중심이 되어 기존 아동 · 청소년복지서비스를 수행하고 있는 타 센터와 기관들을 조정 가능하도록 지자체에 실질적인 권한을 부여하는 것이 필요하다.

네트워크센터를 신설하면 큰 규모의 기관이 다양한 서비스를 일괄적으로 제공할 수 있기 때문에 서비스의 완결성을 보장할 수 있는 장점이 있는 반면에 막대한 비용이 지출되는 단점이 있다. 협의회를 통해 개별적으로 운영하는 기관들을 연계해서 통합적 서비스를 제공하는 전략의 장점은 기존의 인프라를 충분히 활용할 수 있기 때문에 일시에 많은 비용이 투여되지 않아도 된다는 것이다. 그러나 개별적으로 운영되던 기관들을 마치 한 기관에서 운영하는 것처럼 통일성 있게 운영하기 위해서는 개별 기관 차원에서 기존의 운영 방식을 수정하여 융통성 있게 운영해야 하는 어려움이 있을 수 있다. 이를 위해서는 일정 기간 동안 기관 내부의 변화에 대한 저항, 시행착오 등의 문제를 극복해야 한다.

3) 민관 역할 분담의 체계성

공공 기관과 민간 기관은 각자의 장점을 살려 공공 기관은 전체적인 그림을 그리면서 다양한 기관들의 사례관리 기능을 통합 · 조정하는 역할을 하고, 민간 기관은 실질적인 사례관리 기능을 담당하는 방향으로 나아가야 할 것이다 (노혜련, 2008). 공공이나 민간 기관이 지향하고 있는 목적은 궁극적으로 개입 아동과 가정, 지역사회의 긍정적인 변화에 있다는 점에서는 동일하기 때문에 그 목적을 이루기 위해 함께 협력하는 것은 당연하다. 그 협력이 가장 효과적으로 이루어지기 위해서는 각자가 갖고 있는 장점을 인정하고 그것을 최대한 발휘할 수 있도록 서로 원조해야 한다.

먼저 희망스타트센터, 교육청, 학교와 같은 공공 기관의 강점은 민간 기관에 비해 지역사회와 그 주민들에 대한 포괄적이고 체계적인 정보를 바탕으로 지역사회 전반을 좀 더 정확하게 파악하고 있다는 것이다. 따라서 이러한 정보를 민간 기관과 공유하게 되면 사례 발굴 등에 할애되는 많은 시간과 에너지를 절약할 수 있고, 이용자의 상황과 욕구에 따라 적절한 기관에 의뢰하여 집중적이고도 통합적인 서비스를 제공 받게 더 잘 도울 수 있을 것이다. 또한 공무원들은 공적 서비스와 자원에 대한 정보와 활용 절차에 대해서도 잘 알고 있기 때문에 민간 기관의 실무자들이 쉽게 접근하기 힘든 서비스와 자원을 효과적으로 활용할 수 있게 원조할 수 있는 능력을 갖고 있다.

한편 민간 기관은 공공 기관보다는 지역사회 내에서 좀 더 주민과 밀착해서 사업을 수행할 수 있고, 비공식 자원과 자조집단 등을 활용한 네트워크 구축을 더 용이하게 할 수 있다. 이용자의 상황과 욕구에 따라 좀 더 많은 재량권을 갖고 서비스를 기획 · 제공할 수 있기 때문에 이러한 장점을 살려 실질적인 사례관리의 기능을 감당할 수 있을 것이다. 또한 민간 기관은 서비스 대상 선정에 있어 자격을 제한하지 않고 융통성을 발휘할 수 있기 때문에 공적 전달체계가 포괄하지 못하는 부분에 대한 2차적 사회안전망으로서의 기능을 감당할 수 있을 것이다.

또한 서비스의 특성을 구분하고 공공과 민간 각각 적합한 역할 분담을 체계화하여야 한다. 먼저 공공 부문이 담당할 서비스의 특성은, 서비스 수요의 규모가 크고, 서비스 대상 범위가 보편적이고, 서비스 수요의 중요도(우선순위)가 높고, 서비스의 표준화 가능성이 높은 경우에 해당한다. 반대로 민간 부문이 담당하기에 적합한 서비스는 서비스 수요의 규모가 작고, 서비스 대상 범위가 선별적이고, 서비스 수요의 중요도(우선순위)가 낮고, 서비스의 표준화 가능성이 낮은 경우가 해당된다. 예를 들어 기획이나 지역사회 계획, DB 구축, 기관 간 연계의 주관, 사례 조정 및 고위험 사례의 사례관리, 공동 교육 진행 등을 공공 부문에서 제공하고, 민간 부문에서는 실질적인 서비스 제공이나 직접적인 사례관리 등을 담당할 수 있을 것이다. 이러한 민관 역할 분담이 제대로 이루어지지 않으면 서비스 중복 문제가 발생할 수 있다. 이러한 역할 분담이 사업 대상 지역을 나누는 방식으로 이루어지기보다 서비스 역할을 중심으로 나누는 것이 전문성 개발 측면에서 유리하고 중복 문제의 비난을 궁극적으로 해결할 수 있는 방법이 될 것으로 판단된다.

4) 예산, 인력 사용의 유연성

상이한 재원, 상이한 규제체계, 서로 다른 전략을 배경으로 하는 여러 조직들이 연계될 경우 파편화되고 분절화되기 쉽다. 따라서 각 조직들이 서로 강화되고 보완될 수 있도록 예산, 인력 사용의 유연성을 확보해야 한다. 우리나라에서는 한 조직의 예산을 다른 조직에서 사용하는 것이 용인되기 어렵기 때문에 하나의 법인카드를 들고 이리저리 뛰어다녀야 하는 경우가 많이 생긴다. 또한 한 조직의 인력이 다른 조직에서 일하는 것을 용인하지 않기 때문에 유연한 네트워크가 이루어지기 어렵다.

5) 네트워크 문화의 형성

지역사회 내 각 기관들은 부족하지만 자기완결적 조직으로서 기능하던 경험 때문에 네트워크를 위한 활동을 부가적이거나 부차적인 것으로 간주하고 있으며 네트워크 참여를 부담스러워하고 있다. 따라서 이러한 문제를 극복하기 위해서는 네트워크를 직접 구축하는 것도 중요하지만 네트워크 문화를 먼저 형성해야 한다. 기관들이 자기완결적 조직으로 존재할 수 없고, 혼자서는 아동 문제를 해결할 수 없다는 필요성을 스스로 느껴야 한다. 그래야 외부로 도움의 손길을 요청하게 되고 이를 통해 연계가 이루어지게 된다. 내적 동기 없이 외부적인 강제를 통해 연계가 이루어질 경우 이러한 연계는 여러 가지 일 중의 하나, 또 하나의 부담으로 작용하게 될 가능성이 높아진다.

또한 네트워크를 완성된 상태나 결과로 이해하기보다 단계나 과정으로 이해하는 것이 필요하다. 초기 단계에서는 네트워크가 아니라 아동과 관련된 모든 기관 및 조직의 담당자들이 함께 모여 교육 및 훈련을 받음으로써 다른 분야나 다른 기관을 이해하는 데 도움을 받을 수 있다. 이러한 통합적인 교육 및 훈련 프로그램의 실시는 전문성의 제고라는 측면과 함께, 이러한 프로그램을 제공하는 과정에서 관련 기관들 간의 접촉이나 지원 등을 요구함으로써 이후 통합적 서비스를 제공하는 데 필요한 네트워크의 토대가 될 수 있다.

나아가 한 지역에서 다양한 기관들이 아동 · 청소년 보호를 위해 효과적으로 협력하면서 활동하려면 실무자들이 동일한 관점을 갖고 실천할 수 있는 역량이 강화되어야 한다(노혜련, 2008). 따라서 통합적 사례관리를 효과적으로 실천하는 데 필요한 관점, 가치, 지식과 기술을 교육 · 훈련할 수 있도록 사례관리에 직 · 간접적으로 참여하고 있는 공무원과 실무자들을 위한 지역사회 단위의 공동 교육 훈련 프로그램과 수퍼비전체계를 마련하여 정기적으로 운영할 필요가 있을 것이다.

6) 네트워크 기반 조건의 마련

실적 위주의 평가 제도가 공동 사례관리를 장려하는 방향으로 선회되어야 한다. 진정한 의미에서의 통합적 사례관리가 지역사회 내에서 활발하게 이루어지려면 서비스 대상을 두고 기관 간의 경쟁을 부추기는 실적 위주 평가를 지양하고 협력 관계 형성을 위한 노력과 활동이 높이 평가될 수 있는 체계로의 전환이 반드시 필요하다.

또한 통합된 사례관리의 기록 관리 방식이 개발되어야 한다(노혜련, 2008). 현재 각 기관에서 별개로 이루어지는 기록 방식은 통합적 사례관리를 분절된 형태로 보여 주고 있다. 예를 들어 5개 기관이 한 사례에 대한 공동 관리를 할 경우 각 기관에서 총 5개 별개의 기록을 해야 하는 상황이기 때문에 이를 통해 중복 사례관리라는 문제가 제기되고, 시간과 비용도 낭비된다. 따라서 이러한 문제를 해결하기 위해서는 전산기록관리 시스템을 개발하여 공동 사례관리를 하는 기관들이 함께 기록할 수 있도록 하는 방안을 마련할 필요가 있다. 그러나 이러한 기록 관리 시스템을 어떤 기관에서 어떻게 관리할지에 대해서는 좀 더 많은 고민과 논의가 필요할 것이다. 이러한 시스템을 활용할 때는 비밀보장을 위해 기록을 할 수 있는 사람과 정보에 접근할 수 있는 사람의 자격과 권한을 분명히 하고, 기록의 대상이 될 서비스 이용자의 허락을 먼저 받아야 할 것이다.

7) 지역주민의 자발성 확보

지역사회 네트워크는 아동 · 청소년 문제를 개인이나 그 가족의 문제로만 보는 것이 아니라 구조화된 사회 현상으로 보고, 지역사회를 변화시키려는 지역주민의 능동적이고 적극적인 참여를 불러올 수 있어야 한다. 이런 관점에서 아동 · 청소년 문제에 대한 지역주민의 관심을 불러일으키고, 지역주민이 지역사회 아동 · 청소년 문제의 해결에 참여할 수 있는 공간을 만들어, 지역사회 차원에서 아동 문제를 해결할 수 있는 내적 역량을 강화해야 한다. 이렇게 지역주민의 자발성을 확보하지 못한 네트워크는 지속성을 갖지 못하고 외부의 지원이 종료되면 함께 사라지게 된다.

아직까지는 아동 · 청소년복지서비스 간의 중복보다는 누락의 문제가 훨씬 심각함에도 비효율적인 중복에 대한 이데올로기적 공세가 강해지고 있다. 이러한 담론에서 벗어나기 위해서는 기존 네트워크 관련 실험 간의 자발적인 통합 조정, 역할 분담이 매우 중요하다. 이와 관련된 세미나도 좋은 출발로 판단된다. 기관이나 조직의 생존보다는 기관의 존재 목적을 다시 한 번 생각해 본다면 문제 해결의 실마리를 쉽게 찾을 수 있을 것이다. 이러한 노력들이 계속된다면 부모뿐만 아니라 지역사회의 각 구성원들이 아동 · 청소년이 좀 더 행복하고 건강하게 자라도록 원조할 수 있을 것이다.

2. 정책 제언

제6장에서 제시한 지역사회 내 아동 · 청소년을 지원하기 위한 네트워크센터의 구축 방안을 실현하기 위해서 다음과 같은 정책적 제언을 할 수 있다.

1) 민간 기관

첫째, 아동 · 청소년 관련 기관들은 민민 네트워크의 구성에 대해 좀 더 개방적인 자세를 가질 필요가 있다. 지금까지 부족한 예산과 인력, 부실한 지역 내 지지체계 등 열악한 현실 속에서 아동 · 청소년을 대상으로 활동하는 각 기관들은 관련 민관 기관들끼리의 네트워크 구성에 대한 여유가 없었으나, 이제 이러한 네트워크 구축과 가동에 대한 협력적 관계를 맺어야 한다는 점에서 그 필요성을 공감하는 한편, 관련 활동에 적극적 자세를 보여야 한다.

둘째, 지역 내 네트워크 구축 및 운영에 필요한 전문성을 함양하여야 한다. 아직까지 네트워크의 개념에 대한 정확한 이해는 물론, 네트워크의 구축과 운영에 필요한 기법과 기술 등 전문성에 대한 탐구와 훈련 기회가 부족하여 네트워크에 대한 피상적 이해에 그치는 경우가 많다. 이는 지역사회 내에 네트워크가 구축되는 데에 장애 요인이 되고 있다. 따라서 이를 위한 전문성을 개발하고 각종 훈련 및 교육 기회를 통해 네트워크 전문가가 양성되어야 한다.

2) 지방자치단체

첫째, 네트워크를 활용한 아동 · 청소년 사업 전개를 유도해야 한다. 다양한 정책적 지원을 효과적이고 합리적으로 행하기 위해서는 더 이상 분절적인 접근, 개별 기관별 접근으로는 한계가 분명함을 인식하고 개별 기관 간의 정보 공유는 물론, 대상자에 대한 협력적 사업 전개를 위해 기본적으로 민민 간, 민관 간 네트워크를 구축해야 한다는 점을 정책 전개상의 명확한 원칙으로 삼아야 한다.

둘째, 아동 · 청소년 분야의 네트워크센터 설치에 적극적이어야 한다. 상시적이고 안정적이며 전문적인 네트워크 사업이 이루어지기 위해서는 지방자치단체가 운영 주체가 되거나, 민간에 사업을 위탁하는 형태를 통해 네트워크센터를 설치하는 것이 필수적이다. 따라서 이에 필요한 조례 제정, 예산 책정, 행정적 지원 사항들을 준비할 필요가 있다.

3) 중앙 정부

첫째, 중앙 정부는 네트워크 사업을 활성화하기 위해서 전문적인 네트워크 센터를 구축하기 위한 법적 근거를 설정해야 한다. 먼저, 「아동복지법」과 「청소년복지지원법」 등에 아동 · 청소년 지원 사업의 하나로 기관간 네트워크 사업을 명시하고, 이를 수행하는 '아동 · 청소년복지 네트워크센터' 를 시설의 하나로 규정하여야 한다. 또한 그 기능과 역할, 설비, 인력, 행 · 재정적 지원 원칙 등에 대해 하위 법령과 조례를 통해 구체화할 수 있도록 그 근거를 명시할 필요가 있다.

둘째, 중앙 정부는 네트워크센터 구축을 위해 현실적으로 가장 큰 장애 요인의 하나인 공간 확보 문제를 해소하기 위해, 차제에 지역 내 '공적 공간(public space)' 을 확보하는 방안을 모색해야 한다. 이를 위해 '국토이용및개발에관한 특별법' 등에 용적률에 대한 조항을 상향 조정하거나, 그 예외 조항을 인정하여 공동주택의 건축 시에는 기본층을 공적 공간을 위하여 사용토록 하고 이 경우에는 그만큼의 용적률을 상향 조정할 수 있도록 한다. 이렇게 하면 지역사회 내 아동 · 청소년을 위한 전문 네트워크센터를 설치할 공간이 확보됨은 물론, 나아가 각 분야에서 필요한 공적 공간을 확보하는 계기를 마련할 수 있어 궁극적으로 지역주민의 복지 증진에도 이바지할 수 있을 것이다.

참고문헌

강릉시 방과후 공부방(2007). 강릉시 방과후 공부방 네트워크 자료.

국가청소년위원회(2006). 2006 청소년백서.

국가청소년위원회 · 한국청소년상담원(2006) 지역사회 청소년통합지원체계(CYS Net) 운영 결과보고서.

김대일(2004). 빈곤의 정의와 규모. 유경준 심상달 편. 취약계층 보호정책의 방향과 과제. 한국개발연구원.

김신열(2007). 사회복지 서비스 통합과 네트워크. 2007년도 한국사회복지행정학회 춘계 학술대회 자료집, 47-74.

김영종(2004). 사회복지공동모금회의 배분사업 체계 분석과 협력관계 구축에 관한 연구. 사회복지공동모금회.

김인숙 · 우아영(2003). 부천지역 여성복지 관련 조직의 네트워크 구조와 특성. 한국사회복지학, 53, 179-207.

김준기 · 이민호(2006). 한국의 네트워크 거버넌스에 관한 연구. 행정논총, 44(1), 91-115.

김형모(2007). 생태학적 관점과 사례. 2007 제1기 아동학대전문상담원과정 교육교재. 보건복지부 · 한국보건복지인력개발원.

노혜련(2008). 지역사회 중심의 통합적 아동지원사업을 위한 민관 파트너쉽 구축 방안에 대한 제언. 민관 파트너쉽에 기초한 지역사회 중심의 통합적 아동지원서비스 전달체계 구축방안 세미나.
마은경 · 김명숙(2005). 공공기관내 구성원간의 지식공유에 관한 연구: 사회교환이론 관점에서. *Informations System Review*, 7(1), 195-217.
보건복지부(2007). 2007년도 아동복지사업안내.
보건복지부 · 중앙아동보호전문기관(2006). 연도별 전국아동학대현황보고서.
보건복지부 · 중앙아동학대예방센터(2005). 아동학대예방센터 업무수행지침.
보건복지부 · 중앙아동학대예방센터(2004). 선진 각 국의 아동보호체계 비교.
부스러기사랑나눔회(2007a). 1318해피존 사업 설명회 자료.
부스러기사랑나눔회(2007b). 일본 아동보호체계 방문사례 보고집.
부스러기사랑나눔회(2006). 행복한 일자리 영국 연수 보고서.
사회복지공동모금회(2007). 네트워크별 사업제안서 및 중간평가자료.
사회복지공동모금회(2004). 커뮤니티 임팩트의 이해.
이봉주 · 양수 · 김명순(2004). 경기도 We Start 마을만들기 사업 추진 길잡이. 경기도.
이정희(2006). 통합적 접근. 2006 제1기 아동학대전문상담원과정 교육교재. 보건복지부 · 한국보건복지인력개발원.
이준영(2007). 사회복지 네트워크의 이론과 과제. 2007년도 한국사회복지행정학회 춘계 학술대회 자료집, 334.
이혜원 · 우수명(2005). 학교사회복지 관련 조직간 네트워크의 특성에 관한 연구 I. 한국사회복지학, 57(4), 119-146.
정병오(2007). 공동모금회의 지역복지 네트워크 전략: 서울사회복지공동모금회의 커뮤니티 임팩트 사례, 지역사회 변화창출을 위한 네트워크: Community Impact. 국제심포지엄자료집. 서울시사회복지공동모금회.
정익중(2008). 민관 파트너쉽을 통한 통합적 아동서비스 네트워크 구축방안에 대한 제언. 민관 파트너쉽에 기초한 지역사회 중심의 통합적 아동지원서비스 전달체계 구축방안 세미나.
중앙아동보호전문기관(2007). 제도개선 T/F회의 내부자료.
지역아동정보센터(2007a). 지역아동센터 2005~2007 자료.
지역아동정보센터(2007b). 지역아동정보센터 소식지, 2.
김영종 · 홍현미라 · 이현주 · 이혜원 · 이민영 · 진재문 (2008). 사회복지네트워킹의 이해와 적용. 한국사회복지행정학회 편. 서울: 학지사.
홍경준(2002). 전주지역 자활관련 조직들의 네트워크 구조에 관한 연구. 한국사회복지학,

49, 7-33.

홍현미라(2006). 지역사회 관계망을 활용한 자원개발경험의 유형에 관한 근거이론 연구. 한국사회복지학, 58(4), 65-92.

허남순(2005). 한국의 빈곤아동 실태와 시민사회의 대응방안. 사회공헌과 시민사회, 제20호.

Aldrich, H. (2006). *Organizations and environments.* NJ: Prentice-Hall, Inc., Englehood Cliffs.

Bourdieu, P. (1986). The forms of capital. In J. G. Richardson (Ed.), *Handbook of theory and research for sociology of education.* NY: Greenwood.

Coleman, J. C. (1988). Social capital in the creation of human capital. *American Journal of Sociology, 94*, 95-120.

Dryfoos, J. G. (1990). *Adolescents at risk: Prevalence and prevention.* New York: Oxford University Press.

Franklin, C., & Streeter, C. L. (1995). School Reform: Linking Public Schools with Human Services. *Social Work, 40*, 6, 773-782

Gilbert, N., Specht, H., & Terrel, P. (1993). *Dimensions of Social Welfare Policy* (3rd ed). NJ: PrenticeHall.

Kadushin, A. (2004). *Introduction to social net work theory.* 인터넷 자료: http://home.earthlink.net/~ckadushin/Texts/Basic%20Network%20Concepts.pdf.

Hardcastle, D., Powers, P., & Wenocur, S. (2004). *Community practice: Theories and skills for social workers* (2nd ed.). Oxford: Oxford University Press.

Lin, N. (2001). *Social capital: A theory of social structure and action.* Cambridge University Press.

Petersen, A. C., Richmond, J. B., & Leffert, N. (1993). Social changes among youth: The United States experience. *Journal of Adolescent Health, 14*, 632-637.

Portes, A. (1998). Social capital: Its origins and applications in modern sociology. *Annual Review of Sociology, 22*, 1-24.

Putnam, R. D. (1993). The prosperous commuity: social capital and public life. *The American Prospect, 13* (spring), 35-42.

Putnam, R. D. (2000). Bowling Alone. *The collapse and revival of american community.* New York: Simon and Schuster.

Quint, J., & Egeland, B. (1995). New chance: Comprehensive services for disadvantaged young families. In S. Smith (Ed.), *Twogeneration programs for families in poverty: A new intervention strategy*, 91-134. Norwood, NJ: Ablex Publishing Corporation.

Ragan, M., & Nathan, R. P. (2002). *Welfare reform and the development of comprehensive human service systems.* (Prepared for the August, 2002 Conference of The American Political Science Association.) The Nelson A. Rockefeller Institute of Government.

Small, S. (1990). *Preventive programs that support families with adolescents.* New York: Carnegie Council on Adolescent Development.

三鷹市子ども家庭支援 ネットワークに關する規則(2007).

三鷹市子ども家庭支援 ネットワークに關する規則施行要領(2007).

日本 要保護兒童對策地域協議會設置・運營指針(2007).

日本 子ども家庭支援センタ事業案內資料(2007).

目で見る兒童福祉(2007). 新日本法規出版株式會社.

http://cfsa.dc.gov

http://dccollaboratives.org

http://nccic.org/ccpartnerships/profiles/1199.htm

http://nccic.org/ccpartnerships/profiles/afterschoolcorp.htm

http://nccic.org/ccpartnerships/profiles/allegheny.htm

http://nccic.org/ccpartnerships/profiles/wvirginia.htm

http://nccic.org/ccpartnerships/profiles/chicagoaccred.htm

http://nccic.org/ccpartnerships/profiles/downeast.htm

http://nccic.org/ccpartnerships/profiles/ecca.htm

http://nccic.org/ccpartnerships/profiles/masscom.htm

http://nccic.org/ccpartnerships/profiles/mississippi.htm

http://nccic.org/ccpartnerships/profiles/unitedway.htm

http://www.chsfsc.org

http://www.bandltd.org.uk/

http://www.fukushihoken,metro.tokyo.jp/syoushi/navi

www.ServicesSupport@4Children.org.kr

www.bandltd@aol.com

찾아보기

《인 명》

《내 용》

저자 소개

이태수

연세대학교 경제학 박사
전 한국보건복지인력개발원장
현 꽃동네현도사회복지대학교 사회복지정책과 교수
　복지국가소사이어티 공동대표

저서 및 논문

복지국가혁명(공저, 도서출판 밈, 2007)
소규모아동시설연구(공저, 인간과 복지, 1996)
"민주화 이후의 사회복지정책"(사회경제학회, 2008)
"지역아동센터 실태조사"(연구보고서, 2008)
"참여정부의 복지정책평가"(계간 사회복지, 2007) 외 다수

정익중

University of Washington 사회복지학 박사
전 University of Washington 사회사업대학원 교수
　덕성여자대학교 사회복지학과 교수
현 이화여자대학교 사회복지전문대학원 교수
　보건복지가족부 청소년보호위원회 위원

저서

아동과 가족(공저, 한울, 2008)
아동복지론(공저, 학지사, 2008)
세계의 아동복지서비스(공저, 나눔의 집, 2006) 외 다수

김신열

Louisiana State University 사회사업학 박사
전 Chicago Korean American Senior Center 프로그램 디렉터
　꽃동네현도사회복지대학교 교수
현 전북대학교 사회복지학과 교수

저서 및 논문

가족복지의 정책과 실천(공저, 공동체, 2008)
"사회복지 서비스 통합과 네트워크"(한국사회복지행정학회, 2007) 외 다수

박경수
성균관대학교 사회복지학 박사
전 사회복지공동모금회 사업본부장
현 한양사이버대학교 사회복지학과 교수

저서 및 논문
사회복지학개론(공저, 창지사, 2008)
한국장애인복지의 이해(공저, 인간과 복지, 2007)
"장애인복지 소비자주의에 대한 사회복지전문직의 주관적 개념화 분석"(한국사회복지학, 2006) 외 다수

이호균
연세대학교 행정대학원 사회복지학 석사
전 중앙아동보호전문기관장
현 굿네이버스 부회장

저서 및 역서
아동과 가족 통합적 접근(공저, 도서출판 한울, 2008)
일본의 아동학대(공역, 계축문화사, 2007)

이경림
강남대학교 사회복지학 박사
현 세종대학교 정책대학원 사회복지학과 겸임교수
부스러기사랑나눔회 대표

저서 및 논문
아동복지의 길(공저, 광주대학교, 2007)
"빈곤가정아동의 사회적 지지가 아동역량에 미치는 요인"(강남대학교 박사학위논문, 2007)
"지역아동센터 특성이 이용아동 만족도에 미치는 요인"(보건복지가족부 · 지역아동정보센터, 2007) 외 다수

박주현
서울대학교 법과대학원 사회법 석사
전 청와대 국민참여수석
현 시민경제사회연구소 소장, 변호사

저서 및 논문
"공공기관 효율화방안" "사회적 재정사업 확대방안" "정신건강증진 · 정서적 지원을 위한 사회서비스 확충방안" "중소기업 근로자에 대한 경쟁력강화지원" 외 시민경제연구소 발간 연구보고서 다수

아동 · 청소년복지 네트워크의 이론과 실제

2008년 11월 21일 1판 1쇄 인쇄
2008년 11월 28일 1판 1쇄 발행

지은이 • 이태수 · 정익중 · 김신열 · 박경수 · 이호균 · 이경림 · 박주현
펴낸이 • 김 진 환
펴낸곳 • (주) 학지사
121-837 서울시 마포구 서교동 352-29 마인드월드빌딩 5층
대표전화 02)330-5114 팩스 02)324-2345
홈페이지 http://www.hakjisa.co.kr
등록 제313-2006-000265호

ISBN 978-89-93510-33-1 93330

정가 14,000원